新媒体时代下的
大学英语教学方法创新探索

刘 娜◎著

吉林出版集团股份有限公司
全国百佳图书出版单位

图书在版编目（CIP）数据

新媒体时代下的大学英语教学方法创新探索 / 刘娜著. -- 长春：吉林出版集团股份有限公司，2022.9
ISBN 978-7-5731-2281-0

Ⅰ.①新… Ⅱ.①刘… Ⅲ.①英语–教学研究–高等学校 Ⅳ.①H319.3

中国版本图书馆CIP数据核字（2022）第173494号

XINMEITI SHIDAI XIA DE DAXUE YINGYU JIAOXUE FANGFA CHUANGXIN TANSUO
新媒体时代下的大学英语教学方法创新探索

著　　者	刘　娜
责任编辑	杨　爽
装帧设计	清　风

出　　版	吉林出版集团股份有限公司
发　　行	吉林出版集团社科图书有限公司
地　　址	吉林省长春市南关区福祉大路5788号　邮编：130118
印　　刷	唐山富达印务有限公司
电　　话	0431-81629711（总编办）
抖音号	吉林出版集团社科图书有限公司　37009026326

开　　本	787 mm×1092 mm　1/16
印　　张	12.75
字　　数	200千
版　　次	2023年1月第1版
印　　次	2023年1月第1次印刷

书　　号	ISBN 978-7-5731-2281-0
定　　价	30.00元

如有印装质量问题，请与市场营销中心联系调换。0431-81629729

前　言

　　新媒体的诞生为现代世界构筑了一个全方位的、开放的、全球性的信息空间。随着计算机和网络技术的发展，新媒体的发展也越来越受到人们的关注。新媒体是相对于传统媒体而言的，它是继报刊、广播、电视等传统媒体之后发展起来的新的媒体形态。用户通过互联网、无线通信网、有线网络等渠道，以及电脑、手机、数字电视机等终端，就可以随时随地获取信息和资源。随着个人电脑、平板电脑和智能手机的普及，以微博和微信等为代表的新媒体发展十分迅速，这标志着新媒体时代已经到来。

　　随着全球科技和经济的发展，英语在各行各业中发挥着重要的作用。目前英语作为全球的通用语言，已经成为世界各国联系的桥梁，尤其是在经济和科技方面。随着世界经济的快速发展，英语作为一种国际化交流的语言显得越来越重要。虽然我国的英语教育已经取得了一定的成绩，为社会输送了大批优秀的英语人才，但我国的英语教育中还存在许多现实的问题，这些问题制约着我国英语教育的进一步发展。事实上，我国不少高校在英语教学实践中依然采用传统的英语教学方法，这种传统的英语教学方法很难激起学生的英语学习兴趣。由此可见，在新媒体时代下英语教学方法改革和创新势在必行。

　　随着新媒体时代的到来，新媒体技术为高校英语教学带来了新的契机与挑战，因而高校的英语教师要提高自身英语教学的觉悟，以发展的眼光看待英语教学，及时革新英语教育思想及观念，积极学习并融入新时代的发展中，将新媒体技术贯彻融入实际的英语教学中，以构建更具现代化的优质英语教学课堂。事实上，在新媒体时代下，不少高校的英语教师已经开始对大学英语的教学方法进行创新，探索出了多种不同的英语教学方法，从而提升了英语教学的质量。目前，市面上已经出现了一些有关大学英语教学方法创新的著作。《新媒体时代下的大学英语教学方法创新探索》一书从更加系统、全面的角度分析了新媒体时代下大学英语教学方法创新的相关内容。

本书是一本研究英语教学方法创新的著作，从三个部分进行论述，其中第一部分为理论篇，包含第一章和第二章，论述了大学英语教学与改革的相关知识、新媒体与教育应用；第二部分包含第三章至第八章，详细地论述了多种基于新媒体的大学英语教学方法，论述了新媒体时代下的大学英语教学方法创新之微课教学、慕课教学、翻转课堂教学、移动技术支持的语言学习、多模态课堂教学设计与评价、生态学重构、自主学习；第三部分为第九章，主要阐述了新媒体时代下的大学英语教师的发展。本书内容新颖有层次，具有一定的参考价值。

全书以新媒体时代下大学英语教学方法创新探索为主题，分析和论述了当前相关领域的研究成果，并在此基础上提出了一些理论和见解。在具体语言表达过程中，笔者考虑到不同读者阅读和理解水平的差异，选用了平实的语言，有利于学习者的参阅与学习。在本书写作过程中，笔者查阅了大量的国内外资料和文献，吸收了很多与之相关的最新研究成果，借鉴了许多专家学者的观点，并在此基础上形成了一家之言。但是，由于时间仓促和个人能力有限，书中难免存在不妥之处，希望广大读者批评指正。最后，笔者对给予本书巨大帮助的各位朋友致以最诚挚的谢意。

刘 娜

2022年6月

目 录

第一章 大学英语教学与改革探索 ·· 001
    第一节 大学英语教学概述 ·· 001
    第二节 新时代背景下大学英语教学面临的挑战与机遇 ················ 012
    第三节 大学英语教学改革的意义 ··· 015

第二章 新媒体与教育应用 ··· 020
    第一节 新媒体概述 ·· 020
    第二节 新媒体与远程教育的融合 ··· 025
    第三节 新媒体在大学英语教学中的应用 ································· 032

第三章 新媒体背景下大学英语教学模式改革与创新之微课、慕课教学 ·· 037
    第一节 微课内涵 ··· 037
    第二节 新媒体时代下的大学英语微课教学平台建设 ··············· 040
    第三节 慕课概述 ··· 045
    第四节 新媒体时代下慕课在大学英语教学中的应用研究 ········· 049

第四章 新媒体时代下的大学英语教学方法创新之翻转课堂教学 ······ 060
    第一节 翻转课堂教学模式及其理论基础 ································· 060
    第二节 翻转课堂模式指导下的大学英语教学模式设计 ············· 067
    第三节 翻转课堂模式下大学英语基础知识教学的创新 ············· 072
    第四节 翻转课堂模式下大学英语基本技能教学的创新 ············· 076

第五章 新媒体时代下的大学英语教学方法创新之移动技术支持的语言学习 ·· 082
    第一节 移动语言学习 ··· 082
    第二节 基于微信、微博移动技术支持的大学英语混合式

    教学实践探索 ·· 086

  第三节 移动技术支持的大学英语混合式教学形成性评价 ········ 100

第六章 新媒体时代下大学英语教学创新之多模态课堂教学设计

    与评价 ·· 108

  第一节 多模态研究的理论基础 ·· 108

  第二节 基于MAP的大学英语课堂教学设计原则 ···················· 113

  第三节 新媒体时代下大学英语多模态课堂设计 ······················ 119

  第四节 大学英语课堂教学评价 ·· 122

第七章 新媒体时代下大学英语课堂的生态学重构 ························ 130

  第一节 大学英语课堂的生态学研究 ····································· 130

  第二节 新媒体时代大学英语课堂的失衡表现 ························· 136

  第三节 新媒体时代大学英语课堂生态学重构要点 ··················· 146

第八章 新媒体时代下的大学英语教学方法创新之自主学习 ············ 151

  第一节 自主学习概述 ··· 151

  第二节 大学英语自主学习能力的现状 ································· 156

  第三节 新媒体时代下大学英语网络自主学习的原则与对策 ····· 158

  第四节 新媒体时代下的大学英语自主学习监控 ····················· 166

第九章 新媒体时代下的大学英语教师的发展 ······························· 171

  第一节 大学英语教师的角色与素养分析 ······························ 171

  第二节 新媒体时代给大学英语教师发展带来的机遇

      及发展途径 ··· 180

  第三节 新媒体时代下大学英语教师培训路径 ························ 187

参考文献 ··· 192

第一章　大学英语教学与改革探索

随着全球信息化的发展，中国与其他国家的交流日益频繁，英语的重要性也逐渐凸显。在此背景下，大学英语在教学上需要紧跟时代的发展需求，不仅要明确教学目标，搭建完善的教学机制，还要不断进行教学改革，从而提升大学英语的教学质量。本章首先分析了大学英语教学的相关基础性知识，其次进一步探讨了新时代背景下大学英语教学面临的挑战与机遇，最后分析了大学英语教学改革的意义等内容。

第一节　大学英语教学概述

一、大学英语教学的主要方法

（一）翻译教学法

翻译教学法最早是在欧洲用来教授希腊语和拉丁语等古典语言的外语教学方法。到了18、19世纪，英语、法语兴起，学校开始开设英语、法语等现代语言课程。由于找不到新的教学方法，语言教学就自然地沿用教授希腊语、拉丁语等古典语言的翻译教学法。翻译教学法最简单的定义是：用母语教授外语的一种方法。它的特点是：在外语教学过程中，母语与所学外语经常并用。例如，教师说"apple"，学生马上说出"苹果"。

翻译教学法是英语教学最初的方法，这一教学法是英语教学发展进程中的必然产物。翻译教学法盛行的时候，帮助社会培养了许多具有英语阅读能力素养的学生。翻译教学法对英语教学有着多方面的积极作用。一是开创了在外语教学中应用母语辅助教学的方式，在教学时既把翻译当作学习外语的工具，又把翻译当作学生必须掌握的一项技能。二是强调了语法理论的重要性，注重语言使用规则，注重锻炼学生学习英语的思维能力，重视学生主观能动性的发挥。三是重视学习英语名著的作用。学生阅读英语书目可以学习到英语语法知识，获得阅读英语的技能。

翻译教学法需要根据教学的原则进行合理应用。使用翻译教学法应当同时教授给学生语音、语法、词汇的知识。教师在使用翻译教学法时，应注意以下几点：①要重视学生阅读能力的培养以及翻译能力的培养，同时锻炼学生听说的能力；②要重视语法的教学，要使学生学习课文时学会其中的语法知识；③要借助母语工具，教授学生如何正确地翻译；④可以根据英语材料进行教学，将每一句、每一个单词的意思讲解透彻，用母语翻译出它的意思。使用翻译教学法，教师可以很好地把握教学的进度，也可以选用比较简单的课堂测试的方法检测学生的学习情况。

（二）直接教学法

针对翻译教学法不能培养学生听说能力的缺点，直接教学法于19世纪末在欧洲产生。它包含三个方面的意思：直接学习、直接理解和直接应用。其主要特点是：不允许使用母语，而是用动作和图画等直观手段解释词义和句子。

直接教学法换一种说法就是幼儿学语的教学方法。从人类语言形成并发展的漫长的历史可见，先出现的是口语，在口语经过不断改变、更新、丰富和发展后，才出现了文字的雏形，而后又经过漫长的时间才形成现在的文字。口头语言是人们直接表达想法的工具，而书面文字是人们间接表达想法的工具。直接教学法其实就是借鉴了幼儿学习语言的方法，将幼儿学习语言的原则和步骤进行改善，进而形成直接教学法。

教师运用直接教学法教授学生知识的时候，需要遵循直接教学法的几个原则。一是直接联系的教学原则。该原则要求教师在教授学生英语单词时，应当把英语单词的内涵同该单词具体指向的事物联系起来，加强学生的记忆。二是模仿为主的教学原则。教师可以先给学生一个可以模仿着说英语的环境，而不是让学生刻板地学习英语理论。英语教学应当要求学生多去模仿，而不是把重点放在学习英语理论上。三是归纳途径教语法规则原则。教师应当要求学生先去熟悉并了解英语材料，然后再逐渐增加学生英语学习的材料，帮助学生积累英语知识，总结出英语的语法和使用技巧，为后续的英语学习做铺垫。四是重视口语的教学原则。学生学习英语的顺序应当是先学会如何与人交流，而后再进行书面英语的学习。

教师使用直接教学法能够使学生更快地掌握英语的实际应用技能。直接教学法可以使学生打好学习英语知识的基础，也能够使学生快速理解英语的应用技能。直接教学法是一种促进学生快速掌握英语实际应用的方法，不仅可以促进学生学习英语的语法翻译，还启发了英语教学法现代改革派。

（三）听说教学法

听说教学法于20世纪40年代至60年代盛行于美国。二战爆发后，美国需要派大量士兵出国作战，士兵们需要掌握所去国家的语言，政府临时抽调外语教学专家和语言学专家以及有经验的外语教师成立了外语训练中心，研究外语速成教学方法，以6~8个月为一期来培训士兵，其训练方法就是听和说，因而听说教学法就这样产生了。它吸收了直接教学法的许多优点，又受到结构主义语言学和行为主义心理学的影响。其强调外语学习是习惯的形成，采取模仿、机械练习和记忆的方法强化学生的反应；学生在课堂上做大量的句型操练，不考虑意思和语境。听说教学法具有如下特点：

（1）重视听说，兼顾读写。语言，首先是有声的，书面语只是记录语言声音的符号，所以口语是第一性的，文字是第二性的。听说练好之后有利于学生读写能力的培养。因此，学习英语首先要掌握听说，在学习语言的初级阶段尤应如此。语言材料首先要经过耳听、口说，然后再进行读写。教师要严格按照听、说、读、写的顺序教学，没听的不说，没说的不读，没读的不写。

（2）强调变换操练，反复实践，养成语言习惯。听说教学法强调语言学习要靠大量的"刺激—反应—强化"的反复操练，通过模仿、记忆、重复、交谈等实践练习，形成自动化的习惯。听说教学法还主张从一开始就让学生确切地理解、准确地模仿、正确地表达，尽量避免错误，发现错误及时纠正，以避免错误形成习惯。

（3）以句型为中心。句型是从无数句子中归纳出来的一定数量的句子模式。句型是表情达意的基本单位，也是英语教学的中心。在英语教学中，教材的安排、知识的讲授、技能的操练主要是通过句型教学来进行的，通过句型操练发展综合运用语言的能力。句型的教学顺序主要是通过母语与英语结构的对比，采用由易到难进行训练的办法，这有利于学生对重点句型和复杂句型的掌握。

（四）情境教学法

情境教学法吸取了直接教学法和听说教学法的许多优点，英语教师充分利用幻灯机、录音机、投影机、电影和录像等视听教具，让学生边看边听边说，身临其境地学习英语，把看到的情景和听到的声音自然地联系起来，强调通过情景操练句型，在教学中只允许使用目的语。

（五）交际教学法

交际教学法是20世纪70年代根据语言学家戴尔·海姆斯（Dell Hymes）和韩礼德（M.A.K.Halliday）的理论形成的，是全世界影响较大的外语教学法流派。交际学派认为语言教学的目的是培养学生使用目的语进行交际的能力，语言教学的内容不仅包括语言结构，还包括表达各种意念和功能的常用语句。[1]交际教学法重视培养学生的语言能力，采用真实、地道的语言材料，主张通过句型加情景来学习语言，鼓励学生多接触和使用英语。

现在，许多高校的英语教师都发现，英语教学就是教会学生如何在现实社会中使用英语，要想教会学生使用英语，就要教授英语语法知识和西方国家的文化。教师使用交际教学法教授英语知识时，要先保证英语课堂是任务型课堂。教师要使学生明白学习英语的目的就是在现实中与以英语为母语的人进行交流，与他们进行交际，而不是只在意自己对话时说的内容是否有错误。另外，教师要设置交际双方的信息差，使学生不知道对方掌握的信息，这样，学生才能够在比较真实的环境中与对方进行交际行为。

交际教学法是为了锻炼学生的交际能力，而不是为了让学生拥有纯粹的语言能力。交际教学法的思路就是将语言的各个方面连接起来锻炼学生

---

[1] 邢新影. 大学英语口语教学理论与实践[M]. 长春：吉林出版集团有限责任公司，2009：34.

的交际能力。交际教学法要求教师教授听、说、读、写的技能,并教授学生如何在实际对话中使用这些技能,完成交际活动。

交际教学法具有自身的教学原则。一是要求学生学会主动学习英语,重视自身的学习英语的主体地位,不去过分依赖教师,而是充分利用自身的学习能力和潜力,利用课余时间巩固学到的英语知识。二是学生的英语教材需要涉及英语的实际应用技巧。三是教师设置的课堂活动要能够促进学生进行交际,比如可以设置小组交流的活动或是自由讨论的活动。四是英语教学必须是任务型的。

交际教学法使用的这些方法可以增加学生使用英语进行交际活动的机会。学生在以交际为任务的课堂活动的引导下完成交际,有利于锻炼他们的交际能力。教师要努力为学生打造适合进行英语交际的环境,引导学生多多锻炼英语交际能力,促使学生掌握英语交际技能。

(六)任务型教学法

任务型教学是指教师通过引导语言学习者在课堂上完成任务而进行的教学。这是20世纪80年代兴起的一种强调"在做中学"的语言教学方法,是交际教学法的发展,在世界语言教育界引起了人们的广泛注意。近年来,这种"用语言做事"的教学理论被逐渐引入我国的基础英语课堂教学,成为教育部制定的英语课程标准所推荐和提倡的英语教学法。

用语言做事的理论认为,学会一门语言是在实际应用中使用语言的结果,而不是灌输语言的语法知识和学习语言理论的结果。[1]教师在授课时,需要根据课程的目的,设置一些适合学生锻炼英语交际能力的活动,使学生在相互交流中巩固英语交际知识,提高自己在实际生活中使用英语进行交际的能力水平。任务型教学法具备其他各个教学法的长处,还可以与其他教学法一起使用。任务型教学法具有如下原则:

(1)真实性原则。教师在设计任务时,需要选取贴近学生生活的材料,使学生感到熟悉,同时,学生完成任务的过程中所处的环境也要符合

---

[1] 黄均凤,程乐乐. 汉语作为第二语言教学法理论、方法与案例[M]. 武汉:武汉大学出版社,2017:33.

学生的现实生活环境。其实，任务设计的材料不全是真实的，也会存在一些不真实的材料，但是这些不真实的材料也是无限贴近真实环境的，使学生可以在熟悉的环境中使用英语，这样，等到学生真正与人用英语交际的时候，就可以熟练地与人交流，获取信息。

（2）形式／功能原则。以往，教师设计的语言交际活动不贴近真实生活环境，导致语言失去了实际交际功能，使得学生只学会了英语的语法知识，但是没有掌握与人实际进行交流的能力。形式／功能原则就重点强调了语言的形式与功能的重要性，使得学生在一次次的课堂任务中明确形式和功能的具体含义和界限，巩固英语交际知识，提高英语交际能力水平，真正掌握英语语言的正确使用方法。

（3）连贯性原则。连贯性原则是指任务与任务之间要连贯，任务的每一个环节和步骤要连贯，任务的教学和逻辑要连贯。任务型教学绝不是在英语课堂中填充各种没有逻辑的任务型活动，也不是在课堂中突兀地插进几个任务型活动。任务型教学要求教师设计前后有关联的任务型活动来起到连续教学的作用。在任务型教学中，每节课设计的任务都应该是互相联系的、互相作用的，能够引导学生学会英语知识，帮助学生达到英语学习的更深层次的阶段。

二、大学英语教学的基本内容

大学英语教学的内容对于学生综合素质的培养十分重要。一直以来，国家教育部门对大学英语教学的内容非常重视，并且在不断地完善与发展。

（一）语言知识

学习一门语言的基础在于学习语音、词汇、语法、语篇、功能等，这在英语语言学习中也不例外。学生学习英语的首要目的就在于学习这些基础知识，它们是培养学生综合语言能力的重要保障。也就是说，大学生要想熟练运用英语这门语言，首先应对语言知识有良好的把握。

（二）语言技能

除了学习语言知识，大学生还需要学会英语语言的五项技能，即听、说、读、写、译。

（1）听力技能训练是为了培养大学生对话语含义的识别、理解与分析能力。

（2）口语技能训练是为了培养大学生口头输出已知信息、表达自身思想的能力。

（3）阅读技能训练是为了培养大学生对语言内容的辨认与理解能力。

（4）写作技能训练是为了培养大学生运用书面形式输出已知信息、表达自身思想的能力。

（5）翻译技能训练是为了培养大学生的综合能力，涉及信息的输入与输出。

听、说、读、写、译是大学生综合运用能力的基础，通过这五项技能的训练，可以保证大学生在具体的交际实践中做到得心应手。

（三）文化意识

由于语言与文化有着密切的关系，因此对语言的学习也离不开对文化的学习。如果语言教学脱离了文化教学，那么语言教学就没有了思想性、人文性。对此，在教授英语时，教师需要引导大学生了解语言背后的文化知识，如西方国家的地理历史、风土人情、生活习惯等。在具体的教学中，有以下两点需要注意：

（1）要考虑大学生自身的心理需求与认知能力，将文化知识循序渐进地加以导入，从而不断培养他们的文化意识，开阔他们的文化视野。

（2）在引导大学生学习西方文化时，不能盲目地引入，要避免大学生出现崇洋媚外的情况。

（四）学习策略

学习策略是学生为了学好语言知识所采取的方法和步骤。在英语语言学习中，学习策略有很多，如情感策略、调控策略、认知策略等。大学生只有培养自身的学习策略，才能更好地开展英语学习，提升自身的英语能力。具体而言，学习策略的意义体现在以下两个方面：

（1）大学生运用正确的学习策略有助于提升学习效率，养成良好的学习习惯。

（2）大学生运用正确的学习策略有助于改进学习方式，减少学习中遇到的困难，即使遇到困难也会找到合适的解决方式，最终提升学习效果。

在大学英语教学中，教师应该引导大学生发现和培养自身的学习策略，对自己的学习过程进行监控，这样一旦大学生在学习中遇到问题，他们将能够调整自己的学习策略，尝试不同的策略。

三、大学英语教学的评价分析

（一）英语教学评价的分类

1. 诊断性评价

诊断性评价也称"教学前评价"或"前置评价"，它是为了使课堂教学与学生的需要、特点和背景相适合，而对学生在教学中的行为表现问题进行的诊断。这种问题的范围比较宽泛，既包括学生课堂行为中的问题，也包括学生语言掌握和使用中的问题。在英语学习过程中，学生会遇到各种问题，如在课堂上存在听不懂、走神等问题，在情感上存在对教师的接纳程度、心情好坏、与同学的关系好坏等问题。因此，教师首先要了解学生的问题所在，并进行记录，然后从理解的角度来寻找解决方法。除了每月测试的分数能体现学生的学习情况之外，学生对某一主题项目的完成记载以及教师与学生家长的交谈结果也能体现学生的学习情况。通过获取的信息，教师可以得到反馈，从而了解学生的具体学习情况，发现学生学习中的详细问题，据此设计适合学生的学习活动，满足学生的学习需要，解决学生的学习问题。同时，学生也能根据自己的问题调整学习方法，产生积极的学习动力。诊断性评价的方式有很多种，如精心设计测验、教学中对学生提问以及学生回答等。

2. 形成性评价

形成性评价是指在教学过程中为了确保活动效果而修正教学活动计划所进行的评价。其主要目的是明确教学活动中存在的问题，并据此明确改进方向，对活动进行及时的调整，以确保活动达到理想的效果。由此可以看出，形成性评价注重评价的过程，它可以为学生提供必要的信息反馈，从而促进学生巩固其学习成果。它还能够帮助教师了解学生的学习状况，进而及时帮助学生调整学习计划。因此，这一评价方式颇受教师和教育理论工作者的青睐，已成为英语课堂教学的重要组成部分。形成性评价的方式有很多，如常见的采访、座谈，对学生的学习研究报告进行评论，分析研究结果，等等。

3. 总结性评价

总结性评价又称"事后评价"，是指在教学活动结束时为把握最终的活动成果而进行的评价。例如，学期末或学年末各门学科的考核、考试就属于总结性评价，其目的是检验学生的学习是否达到了教学目标的要求。可以看出，总结性评价强调教与学的结果，借此对学生所取得的成果进行鉴定和区分，进而评定整个教学方案的有效性。例如，根据学期末考试成绩，教师可以发现学生学习中存在的问题以及自己教学的不足，从而据此不断改进教学活动，以提高教学效率；学生可以对教师学期和学年的任课情况进行网上评教，教师之间也可以进行互评，以帮助学校对教师进行综合评价。

4. 起点评价

起点评价与总结性评价正好相反，起点评价一般是在学期或学年刚开始时进行的评价，其主要目的是了解学生的基本学习情况，为建立良好的集体关系奠定基础。这一评价方式要求教师在较短时间内对每个学生的学习特点和性格有一个初步的了解，以促进课堂教学的积极进行，同时发现具有突出特点的学生，让这部分学生在今后的教学中辅助教师进行工作，以提高教学的效果。

5. 教学性评价

教学课堂就如同一个小型的社会场所，教师就是这个社会中的领导人，引领着学生在不同层面上交往，并一起建立一个良好的学习环境。但要想真正建立一个和谐、进取的教学环境，除了需要教学纪律、秩序和师生的合作外，还需要教师进行教学性评价，具体包括两个方面的内容：

（1）备课评估，也就是确定教什么，什么时候教，用什么材料。

（2）实施评估，即把握课堂教学进度，对准备好的教案和计划好的课堂活动做相应的调整。

6. 正式评价

正式评价是指事先制订完整的评价方案，严格按照规定的内容和程序进行，并由确定的评价者进行的评价。正式评价的方式有很多，如评分、评语、家长座谈等。

上述介绍的几种评价方式之间并非是完全排斥的，有时几种评价方式十分相似。在教学中，教师可依据课堂教学和学生的具体情况选择合适的评价方式，以提高英语教学的有效性。

（二）英语教学评价的方式

1. 测验

测验是英语教学评价的一种重要方法，是对行为样本客观和标准化的测量。测验包括学前摸底测试（预测）、期中测验和期末考试（后测）。如果评价的目的是了解学生认知目标的达标程度，测验则是最常用的工具。在评价其他对象时，也常常要通过对学生学业水平的测验来获得评价的间接资料。例如，当评价某种学习资源在某种教学条件下的适用性时，利用测验可以取得学生学习后的量化资料，而从这些量化资料中可以分析出该学习资源对学生学习的作用。

2. 调查

调查作为英语教学评价的重要手段，是通过预先设计的问题请有关人员进行口述和笔答，从中了解情况，获得所需要的资料。调查的主要形式有问卷和面谈两种，通过调查既可以了解学生的学习习惯和态度、学习兴趣和意向，也可以了解各方面对教学过程和教学效果的意见、学习资源对学生产生的效果等，从而判断教学或学习资源的有效程度，为改进教学或学习资源提供依据。在调查过程中，有很多相关因素相互作用。以面谈为例，谈话的地点、时间、谈话人的态度、身份，问题的表述及敏感性等都会影响调查的结果。为保证评价合理、真实，必须事先对即将付诸实施的调查进行精心的设计。每一次完整的调查，都包含目的、对象、内容、范围、方法等诸多因素，而每项因素又会体现出各不相同的特征，从而形成比较明显的界限。根据调查目的、调查对象、调查内容的不同，调查可分为多种类型。

3. 观察

观察即在自然的教育场景下了解观察对象。观察与测验、调查的区别是被观察者像往常一样地学习和活动，不会产生或感到任何的压迫感。所有收集的资料自始至终都是被观察者的常态表现，都是自然的、真实的。观察一般要在事前确定观察目的、观察范围，并必须明确将观察的某现象需设置哪些变化的情况或场景，使被观察者在这种特定条件下进行活动，以获得合乎实际目的的材料。根据研究的目的、内容、对象的不同，可以采用不同的观察方法。

4. 真实性学生评价

真实性学生评价就是从学生真实的学习活动中，收集其完成日常学习任务的真实表现资料，并据此对学生学习与发展状况做出综合评价的方法。此法产生于20世纪80年代末90年代初的美国，作为一种新的评价方式和理念，它一经产生便引起了学者们的广泛关注。开放性、过程性和情景性是真实性评价的突出特点。从真实的学习活动中收集真实表现资料，收集到的不仅是来自学习过程的真实信息，还是学生各方面综合表现的信息；强调学生亲身参与，注重考查学生对知识的理解与实际应用、学习过程与方法。因此，真实性学生评价真正实现了对学习过程的关注、反馈与改善，而且可以据此实现对学生发展的综合评价。

5. 表现性学生评价

表现性学生评价简单地说，就是通过观察学生在真实情景或模拟情景中应用知识技能解决问题的"真实任务行为表现"来评价学生的实际能力。具体地说，就是通过观察学生在实验、调查、科技制作、问题讨论、演讲、展示、角色扮演等学习实践活动过程中的真实行为表现，对学生参与意识、合作精神、操作能力、探究能力、交流技能、解决问题的思路与过程、知识理解程度与应用能力等做出全方位的评判。

6. 档案袋评价

档案袋评价是把反映学生在一定时期内学习过程与进步状况的真实资料以文件形式呈现，用档案袋汇总保存，据此对学生一定时期内的学习过程与进步状况做出全方位的真实性评价。档案袋的建立是教师和学生共同协作的结果，主要由学生本人记录、汇总自己参与学习活动的重要经历资料，诸如各类疑难问题与解决过程，实验设计方案，探究活动的过程情况，各种学习信息资料，学习方法策略的使用及效果，单元知识总结，自我反思评价与他人评价的结果，学习成绩，参加校内外科学实践活动的过程、体会与成果，家长与教师期望，等等。档案袋评价能真实地记录学生在学习过程中的成长足迹，督促学生经常自我评价，反思学习方法，培养他们学习的自主性和自信心，促进学生综合素质的发展。

第二节 新时代背景下大学英语教学面临的挑战与机遇

一、新时代背景下大学英语教学面临的挑战

（一）对传统教学理念和教学模式的挑战

新时代给教育领域带来的最大冲击就是教学资源的最大化，知识变得无处不在。除了课堂之外，大学生还可以利用微课、慕课等在线学习平台来获取知识，使英语学习可以随时随地、便捷高效地进行，同时还可以实现互动的效果。学生可以结合自己的实际需求来选择学习时间和学习内容，从而真正实现教学个性化和多元化的理想效果。这无疑给传统的大学英语教学理念和教学模式带来了巨大挑战。

大学英语教师不能再满足于简单的课上面授和课下批改作业的方式。一方面，教师要提高信息技术水平，如熟悉常用软件、网络通信、网络教学平台的使用和微课、慕课的制作等；另一方面，教师还要学习和掌握利用电脑软件和网络平台搜集的学习数据来进行分析，从而深入了解学生的水平及需求，及时调整教学方案，合理安排教学活动，创造适合的英语学习环境，以便激发学生的学习热情和兴趣。

（二）对传统教学角色的挑战

在最早的大学英语课堂上，英语教师以教材为中心，重点讲解单词、

难句和课文理解；当多媒体普及大学课堂时，大学英语教学从课本搬上了幻灯片，教师把纸质教案变成了演示文稿，另外再加上一些音频和视频文件，这样看似丰富了教学方式，实际教师依然充当主要角色，学生始终处于被动的位置。而在新时代的大学英语教学中，这种传统的角色关系会发生巨大的转变。

新时代信息无所不在，英语学习资源的极大丰富，使学生可以便捷地获取各自需要的学习内容，传统的大学英语教学显然已无法满足学生的需求，这无疑使教师拥有资源的权威性受到了挑战。许多世界知名大学在互联网上发布了经典的视频课程，这不仅让学生们学习了英语，更重要的是帮助他们了解了世界文化和专业知识。这些视频课显然比枯燥的传统的大学英语课更具有吸引力，因而能够吸引大学生的注意力。未来大部分的英语教师需要转变自身的角色，成为课堂的组织者和学生的引导者，即英语教师根据学生的个性化需求来整合学习资源，并加以分析和处理，通过多媒体和网络学习平台发布给学生，引导学生在课下自主学习，课上则进行练习和答疑，鼓励学生开展合作式、探究式的讨论，培养他们理解、分析和解决实际问题的能力。

（三）对传统大学英语教学评价的挑战

教学评价分为两个层面：一是教师对于学生学习的评价；二是学生、同事和教学督导对于教师授课的评价。

大学英语教师对于学生学习的评价基本上停留在终极评价的层面，也就是期末考试的成绩占据绝大比例，平时的作业和测验只占极少的比例，这是大学英语课学生多且班级多的特点造成的。这样教师就不可能有足够的时间和精力去评判每一次作业，而新时代的大学英语课将打破这种僵局，真正实现形成性评价。教师可以通过网络学习平台整合听、说、读、写、译各方面的测试内容，提供多元的评价形式，详细记录学生每一次的学习时间、过程和效果，并计入总成绩。总结性评价也将实现机考和网考形式，随机产生试卷，从而杜绝作弊，使学习评价更公平公正。

以往对教师的评价多采取召开师生座谈会和学生填写评价卡的形式，这样难以搜集到最有说服力的数据。在新时代，对教师的评价方式也发生了转变。学生、同事和督导在听课后在线填写对该教师的评价,这样既有标准化的打分,也有开放性的评价,网络在后台整理分析对该教师的评价数据,总结归纳出优缺点和意见建议。教师若想在教学中始终获得好评,就必须认真研究评价数据,据此调整和改进自己的教学内容和方式,来吸引学生的兴趣。

二、新时代背景下大学英语教学面临的机遇

(一)给教师职业发展带来的机遇

在新时代,网络给大学英语教师提供了海量的教学资源,教师可以先通过网络分析学生的共性与差异,再去有针对性地选择教学所需要的视频、音频、文字等信息,充实教学内容,激发学习兴趣。各种信息技术手段使得教师对学生的学习评价变得简便可靠,这大大减少了教师的工作量,使他们有更多的时间去参加技术培训,更新知识结构,提升业务水平,从而实现教学相长。新时代也为教师提供了更为丰富的科研资源,众多的搜索引擎和文献数据库可供使用,技术手段可以随时随地分析教师各自的学术关注点,把最有用的相关信息整合出来,使科研工作变得更为便捷高效。

(二)给学生个人发展带来的机遇

英语教师要关注学生的不同特点和个性差异,发展每一个学生的优势潜能,新时代的各种信息化技术手段使这个目标成为可能。大学英语教学将一改往日枯燥乏味的局面。教师必须关注师生关系,了解学生个体需求,为学生提供理想的英语学习环境和合理的学习任务,从而提高学生英语应用能力和解决实际问题的能力。

学生在课余还可以根据自己的学习需求选择微课、慕课等开展学习,构建国际视野,提高英语的语言水平,享有更多自由的学习,承担更大的责任,使自己成为学习的主人。在新的发展时代,在线教育飞速发展,面对如此重大的挑战,师生双方都应当与时俱进、不断提升,放弃残缺的守旧思想,大胆应对改革。

第三节 大学英语教学改革的意义

一、去除大学英语教学存在的弊端

（一）教学模式陈旧

当前的大学英语教学依然以传授基础知识为主，而课堂中甚少涉及交际活动。大学英语教学中存在以下几个问题：

（1）传统的学习文化已经根深蒂固，教学观念以及思想十分陈旧。

（2）实际教学与教学目的背道而驰。

（3）教材以及教学内容等不符合社会发展与实际运用的需求。

（4）教学方法单一、陈旧。

（5）学习方法机械、被动。

教学中一直以教师为中心的传统大学英语教学模式为主导，衡量教学效果的重要标准是教师备课是否认真、讲课内容是否丰富、讲课是否有条理等。教师担心学生听不懂就会反复举例说明，讲解语法和词语等。为了让学生更加明白，有些英语教师甚至翻译课文，而不给学生留下思考和内化的时间。为了捕捉更多的课堂信息，学生只是一味地记笔记，被动地跟着教师的思路走，没有参与语言实践的机会，进而使得课堂氛围枯燥、单调。

由此我们可以看出，陈旧、传统的大学英语教学模式不但约束了学生的自由，限制了学生潜力的发挥，还阻碍了学生英语能力的提高，甚至阻碍了大学英语教学目标的顺利实现。因而我们要对大学英语教学进行适当的改革，尝试较为新颖的教学模式，从而激发学生英语学习的兴趣和积极性。

（二）忽视学生的主体地位

大学英语传统教学多是沿用以教师为主体的原则，而较少关注学生的主体地位，也很少给学生提供自主学习的空间，从而使学生成为知识的消极接受者。事实上，英语学习的首要任务是"学"而不是"教"。有效的语言教学不应违背自然过程，而应适应自然过程；不应阻碍学习，而应有助于学习并促进学习；不能令学生去适应教师和教材，而应让教师和教材去适应学生。①这个"自然过程"就是让学生成为英语语言知识主动积极的接受者。

英语与其他学科不同，它是需要学生进行大量实践活动的学科。学生只有不断地与人交流，才能真正提高自己的英语能力水平。学生学习英语的成果可以反映教学的质量，还可以反映学生自身的学习能力和学习积极性。学生的主观能动性很重要，所以教师要改善大学英语教学，使英语教学围绕学生展开，重视学生学习英语的主体地位。但这并不表明就要抹杀教师的作用，教师只是要从台前转到幕后，发挥组织者、管理者、鼓励者、合作者和解惑者的作用。

（三）应试教育倾向明显

大学英语传统教学模式主要是为了应对考试，属于典型的应试教育。而英语教育与素质教育的一个重要差别就是两者的"考试观"不同。考试本身具有两种功能：一种是评价功能，另一种是选拔功能。在应试教育的影响下，考试的选拔功能是人们所看重的。在大学英语教学中，这一点集中体现在大学英语四、六级考试中，四、六级考试成了大学英语教学的指挥棒，人们用英语四、六级的通过率来判断学生的学习成果以及教师的教学水平。这使得大学英语四、六级考试的应试性特点更加明显。语言学习要多听、多说、多读、多写，尤其要多背。语法知识的学习固然重要，但对于英语学习而言，"语感"更加重要，语言的培养离不开背诵。而做选择题是英语四、六级考试的标准化测试方式，因此学生就将大量时间花费在做模拟题上，较少参与课堂讨论和交流，过度依赖教师的讲解，缺乏自主思考的能力，交际能力较差。因而我们要对大学英语教学进行适当的改革，从而提升学生的综合实力。

（四）与中小学英语教学脱节

在现在的英语教学中，与中小学英语教学脱节成为导致大学英语教学费时低效的因素之一。现在，许多经济高速发展的地区在小学就有英语课

---

① 李丽洁，米海敏. 专门用途英语教学研究[M]. 北京：现代出版社，2018：39.

程的教学，即使是经济不发达的地区，也同样开设了英语课程。经历过中小学英语教育的学生已经学习到了很多英语知识，知道了许多语法理论和丰富的词汇含义，也都有一定的英语基础。大学阶段应是学生学会用英语交际的阶段。大学英语教学需要学生学会在实际交流中使用英语，帮助学生培养英语交际能力，而不是像中小学教学那样将重点放在英语理论和语法知识上。但是，现在许多大学教师没有对英语教学活动进行改良，导致大学英语教学与中小学英语教学系统出现教育脱节的问题一直存在，进而导致教学内容重复，且分配也极不合理。因而我们要对大学英语教学进行适当的改革，增强大学英语教学和中小学英语教学的衔接。

二、满足大学英语教学的新要求

（一）追求全人发展

在大学英语教学中，以人为本才是每个教师的教学理念，教师教学的目的就是要充分发挥学生的主体地位，教会学生自主学习的方法，使学生能够实现终身学习。在知识经济飞速发展的今天，学生需要学习的内容与日俱增，仅在学校中进行学习是远远不够的，想要在复杂且竞争激烈的社会中立足，学生必须具有不断学习、终身学习的能力，必须能够利用有限的知识创意性地解决生活中出现的各种问题。大学英语教学首先的定位就是人的教育，在教学过程中，教师应努力培养学生的学习兴趣，帮助学生获得有效的学习策略并养成良好的学习习惯。

全人发展不仅强调学生的知识教育，而且更加重视学生精神世界的建设。学生良好的社会责任感、严谨的学习态度等都会对其学习产生重要影响。全人发展强调尊重学生的个性，每一个学生都蕴含着丰富的个人潜能，英语教师应该与学生多沟通，从学生独特的视角中得到改善英语教学的启发。和谐的课堂气氛是全人发展所必需的，因此教师与学生之间应该是一种平等的关系，教师要多为学生创造英语学习的机会，使他们在学习中体会到成功的乐趣。

（二）采用科学的评价方式

传统的大学英语教学多采用单一的评价方式对学生的学习情况进行评价，其中笔试的形式最为普遍。而且这些评价的结果多侧重于选拔，在评价中试图将学生分为不同的等级，这样的评价方式存在很多弊端。因此，在进行大学英语教学改革时必须对评价方式进行改革。首先，英语教学评价的目的不是对学生进行分类，而是对教师的教学效果进行监测，对学生的学习效果进行了解，以便教师在今后的教学中不断改善教学方法，提高教学效率。因此，大学英语教学评价的实施应遵循以下几个原则：

1. 多元化原则

在大学英语教学中，评价体系必须实现多元化，只有多元化的教学体系才能达到应有的效果。评价的多元化包括目标多元化、评价主体多元化、评价工具多元化等。其中最主要的是评价主体多元化。在传统的英语教学中，评价的主体一般为教师，而评价的对象为学生。在教学活动中，评价主体应更加多元化，即教师、学生、家长都应该参与到教学评价中来。教学管理者以及家长等的评价对教师教学的进步和提高具有重要作用。教师可以通过评价了解自己的不足以及家长、教育管理者对于教学的建议，从而改善英语教学方式。

2. 激励原则

评价的目的是学生的全面发展，但是由于错误的教学观念的引导，人们将评价等同于考试。家长、教师甚至整个社会都通过分数来对学生进行评判，使学生卷入了无情的分数竞争中。这就导致学生无法从分数中看到自己的进步与不足，而感受到的是更多的压力。评价的目的不是打击学生的积极性，而是为了激励学生，为了发现每个学生身上的优点和特长，并针对学生的特长为其提供更广阔的发展平台。

3. 情感体验原则

语言是情感表达的工具，而英语教学也是一种情感教学。因此，教师在进行英语教学评价时应多注意学生的情感体验，对学生的评价不应只停留在其知识掌握的多少上，还应关注学生是否具有用英语进行情感表达的能力。与此同时，教师在进行评价时也应该抱有积极的情感，重点关注学生的进步，鼓励学生进步，使学生用积极的态度对待评价，从评价的结果中不断获益。

（三）提高学生的认识能力

英语教学不仅要培养学生的知识和技能，还应该培养学生的认识能力。学生认识能力的提高需要采用合理的教学方法。想要提高学生的认识能力，必须以话语为中心展开教学，话语由词汇组成且应用于不同的语境中，以话语为中心展开教学体现了语言的完整性。语言与思维模式都会在话语使用中得到体现，这样的教学模式更有利于学生将语言形式与思想内容结合起来，进而锻炼学生的智力。除此之外，教师在教授学生语言的同时，还应教授其文化与思想，语言教学应与"达理""明志"相结合。学习语言的人应该具有跨文化的领悟力，在习得语言的同时了解文化与相应的思维方式，这些都在无形中增强了学生的认识能力。

总而言之，大学英语教学中存在的种种弊端以及大学英语教学的最新要求，都反映着大学英语教学改革的必要性，也加快了大学英语教学改革的步伐。

第二章　新媒体与教育应用

媒体在教育领域的应用由来已久,从早期的教育广播,到教育电视,再到近年来的在线教育。随着移动互联网、云计算、大数据等技术不断成熟并渗透进教育领域,新媒体在教育领域的应用新远景已见端倪。本章主要论述了新媒体的基本知识、新媒体与远程教育的融合、新媒体在大学英语教学中的应用等内容。

第一节　新媒体概述

一、新媒体的含义

我们对"新媒体"这一概念做广义和狭义两种界定。广义上的"新媒体",是利用数字技术、网络技术和移动通信技术,通过互联网、宽带局域网、无线通信网和卫星等渠道,以电视、电脑和手机等为主要输出终端,为用户提供视频、音频、语音数据服务、连线游戏、远程教育等集成信息和娱乐服务的所有新的传播手段或传播形式的总称。其包括"新兴媒体"(机构),也包括"新型媒体",即融合了传统媒体和新媒体的新型媒体,也称全媒体。一样的内容,多样的服务。除了传统的报纸、杂志、广播、电视,还覆盖了互联网;除了原有的终端,覆盖了个人电脑、平板电脑、手机;除了原来的单向传播,还能与读者、观众、用户实时互动。而狭义上的"新媒体"则专指"新兴媒体"。

二、新媒体的特征

从文字传播时代开始，人类就开始了体外化传播的过程，文字的普及使文化传承能够更加稳固地保存下来，而印刷术的出现又使这种传播走向大众化，再到后来的电子传播时代，实现了信息远距离快速传播，传播范围进一步扩大，时间进一步缩短，形式也变得多种多样，受众可以根据自己的习惯和兴趣来选择适合自己的媒体。这种选择权在数字新媒体时代变得更加个性化，受众在媒体发展史中所体现的主体性越来越强，媒体也在跟随着受众的需求不断改进自己的传播形式，优化传播技巧。

（一）"中心"转移与"非中心化"

在传统传播环境中，大众传播和人际传播泾渭分明，两者的最大区别是大众传播的信息是单向流动，而人际传播是双向互动。数字新媒体传播将两者融为一体，模糊了它们的界限。

与传统媒体相比，新媒体最大的特点在于传播形式由一点对多点变为多点对多点，同时拥有人际传播和大众传播的优点。信息的采集不再被专门机构垄断，人人都是信息的接受者，也是信息的采集者，不论是出版者、传播者，还是消费者，对内容拥有对等的和相互的控制。这种变化一方面激发了受众对传播的主动性，提高了受众在整个传播过程中的介入程度和地位，并促进了群体意识的生长；另一方面使受众更趋于"小众化""分众化"，甚至"碎片化"。

在传统的传播理论中，被动的、弱小的信息接收者（在传统媒体中受众的反馈形式单一，并受到把关人的严格控制）完全可以借助新媒体等新技术形式和信息平台形成一定的话语权，完成一次完整的信息传播（在传播过程中可能绕开人为把关，最大限度地防止信息衰减），有时还会产生很大的传播效果。广播、电视、报纸不再是中心话题的全部和主流信息的唯一渠道，受众自己也可以成为议程设置者。比如，非典时期的手机短信就打破了传统媒体的舆论封锁，从时间上和传播流程上超越了传统媒体的反应和幅度。

在新媒体传播中，没有绝对的权威，也没有绝对的中心，人人都可以在虚拟的网络空间中发表言论和观点，任何权威的观点和声音都有可能遭到别人的攻击，可以说"处处是边缘，无处是中心"。

（二）双向性与实时传播

随着传播形式的改变，传播过程也发生了根本性改变。传统媒体传播过程中也有信息的交互和双向性，但是由于当时的技术有限，导致信息不能及时传输到各地，所以传递信息时会有选择地传递，同时还会产生许多成本。以前，各地信息分散，不好采集，还要花费时间成本，并且受众也没有丰富的选择途径。传统媒体传播过程很少会有受众干预，且这种干预不会使媒体的传播过程受到影响。如今是新媒体时代，媒体使用了新技术，获得了信息传播的实时性和强交互性，也可以听到受众的反馈而进行信息传播的改善，传播者和受众之间的界限被模糊和消解，传授合一在未来可能完全实现。这种个性化需求的膨胀也导致了信息资源的丰盛，赋予了受众民主和话语权，但同时容易造成舆论的盲从、真相的被淹没，甚至造成"沉默的大多数"。

互动和实时是提高媒体用户黏着度和忠诚度的可靠途径，受众方与信息发布方的互动还可以更深入地挖掘信息的内在价值，了解需求方的所思所想，为日后改进信息形式和提高信息质量提供有益建议，逐步实现按受众要求定制信息，按讨论沟通信息，按反馈修改信息。

目前，传统媒体虽然已经逐步提高了时效性，如报纸加印特刊、广播增加访谈栏目和电视台滚动播出即时新闻，但受制于传统媒体技术和采编播方式的约束，新媒体仍然可以在互动和及时两个层面上大幅领先于传统媒体，如网络、手机新闻可以全天候发布，网络和手机聊天室可以深度参与和互动交流。

（三）数字化与网络化技术革命性应用

真正的"传播革命"所需要改变的，不只是信息传播的方式和受众的关注重点，而是媒体传播技术。推动新媒体发展的技术不仅有网络技术还有多媒体技术，这些技术会促进新媒体技术持续发展。新媒体受到数字化技术的帮助，具备了人机交互的功能。计算机技术能够快速处理并管理海量数据，并且将这些数据整合成更加适合人们接受的形态，使得受众能够接收到自己需要的信息。这些技术最大限度地实现了新媒体无成本约束和开放式生产，使传输终端日趋人性化、互联化，特别是一些"傻瓜式"的设计，降低了使用媒体的技术门槛，也在一定程度上消解了传媒机构的权威性。另外，技术的进步使信息及时、有效、方便、快速地传播，满足了受众日益扩张的立体动态需求，增强了信息的绩效和生命力。

（四）内容资源的不足

正是基于传播上的无限化、需求上的个性化和时间上的即时性、沟通上的互动性，新媒体才会在短短的几年间就取得了令人瞩目的成绩，给我们的生活带来了深刻的影响，并将在未来的发展中继续扩大这种影响。

媒体是平台，内容是附着在平台之上的应用和服务，依靠平台生存和传播。目前，大众的兴趣点在新媒体、新终端的信息传播，但决定谁胜谁负的关键不在这里。只要标准和制式统一，成本下降，谁都可以方便地利用新媒体、新平台进行信息服务。站在同一起跑线上，媒体之战谁能脱颖而出呢？其实，不论是新媒体还是传统媒体，归根结底都是"内容为王"，内容才是媒体吸引受众的根本要素。在这一点上，数字新媒体明显处于劣势。

多年来，传统媒体不断挖掘新的资源，拥有一大批专业从事内容开发、制作的优秀人才，与运营商建立了一条完善的产业链。传统媒体内容的成熟度、信息来源的构架化、品牌的权威度都是新媒体所无法比拟的。近年来对手机、电视的研究也多集中在如何开发节目内容上，技术上的融合最终将改变"渠道为王"的媒体发展模式，"内容为王"才是未来媒体多元化格局下的真正掌控点和制高点。

三、新媒体的分类

新媒体大致可以分为三类：网络新媒体、手机新媒体和新型电视媒体。

（一）网络新媒体

互联网诞生于1969年，其特点符合我们对新媒体的定义。目前它主要有门户网站、搜索引擎、在线报纸、电子杂志、虚拟社区、即时通信和在线游戏、博客、维客、互联网协议电视、互联网电视、互联网广播等。互联网电视是一种全新的技术，它利用宽带有线电视网络、互联网、多媒体、通信等技术为家庭用户提供包括数字电视在内的各种互动服务。维客是一个超文本系统，可以在网上开放，可以允许多人协同工作。这其中每个人都是一个读者，也是一个作者，可以浏览、改变、创造和参与创作。中国维客网站有"百度百科""互动百科"和"搜索百科"等，外国维客网站有"维基百科"。对于播客，用户通过播客将自制的个性化的广播节目上传，网友将广播节目下载到自己的iPod或其他数码声讯播放器中，人们能随身收听。博客通常由个人管理，它是一个网站，2007年之后开始风靡世界。微博是一个基于用户关系的信息共享、传播和获取平台，用户可以通过电脑、手机等终端登录到自己的社区，其可以传递文字和图片、音频、视频等信息并实时共享。

（二）手机新媒体

随着互联网前端的扩展，除了通信工具，手机已经进一步演变成手机新媒体。手机的发明主要是用于移动语音通话。随着手机的普及和移动技术的进步，手机已经从通信工具发展为大众媒体。人们不仅可以通过手机的使用互相交流，还可以登录互联网接收移动报告、收看手机电视、下载手机杂志等。毫无疑问，手机是符合新媒体的基本特征的。目前，手机已经融入通信、互联网、多媒体、娱乐、游戏智能工具，可以随时随地处理图像、音乐、视频等各种媒体格式，包括网页浏览、电话会议、电子商务、音视频接收。手机短信又名"短消息"，从传播学的角度出发，我们可以将其定义为以文字这种符号系统作为主要信息负载者，以无线电波作为传播渠道，以支持中英文显示的数字手机作为信息接收终端的一种现代传播方式[①]。移动微博用户将安装在自己手机中的移动博客插件与用户ID及密码进行绑定后，便可随时随地通过手机查看和发表日志、上传手机图片、与好友在线聊天、查看相册、播放音乐以及建立通讯录等。很明显，手机终端体现了"融合"的特色，被认为是继报纸、广播、电视和互联网之后的第五大媒体，以其良好的体验、迅捷而随时随地的传播与共享而深受大众喜爱。

---

① 罗翔宇. 手机短信的传播学分析[J]. 现代传播，2003（1）.

(三)新型电视媒体

数字电视是指从接收节目、编辑、存储、传输到信号接收、处理和显示的数字化系统的全过程。所有的信号传播都是通过0、1数字串的数字流传播的电视类型。数字电视信号损失小、接收效果好。数字电视可以分为地面无线传输、卫星传输、有线传输三大类。与传统电视相比,数字电视实现了观看模式的转变:个性化点播选择、互动观看模式和全息家居信息服务平台。

需要强调的是,有些媒体虽然近年来也进入公众视野,但它们并不是新媒体,如公共汽车上的移动电视和建筑视频媒体。如果人们以新旧为判断标准,互联网确实不能被视为"新"媒体,但从媒体的发展标准来看,互联网仍属于与传统媒体不同的新媒体范畴。

第二节 新媒体与远程教育的融合

一、远程教育概述

(一)远程教育的含义

远程教育其实就是网络教育,是学生和社会人士获得知识的一条途径,能够使人们通过电脑等互联网终端获得教育知识。远程教育不受时间和空间的限制,不需要学生到固定的教室上课。目前有许多使用远程教育学习的学生是一些社会人士,他们平时有自己的工作,所以会利用周末等闲暇时间上网接受远程教育。学生接受远程教育的方式有很多,比如可以通过观看互联网直播和录播来学习知识。互联网数字技术应用于教育后催生了远程教育,这一教育形式只需要学生有手机、电视或电脑就可以进行,对学生的学习条件也没有要求,所以受到了社会人士的喜爱。

远程教育可以将学生与教师在互联网中联系起来,通过不同渠道的传播方式将教学内容传送给需要的人,以便人们更快捷地获得自己需要的知识。

(二)现代远程教育的特征

远程教育与传统课堂教育的不同之处是学习者不需要在指定的地点

和指定的时间上课，学习者通过不同媒体的帮助完成相应课程的学习。这样的学习方式给予了学习者自由的学习空间，更适合已脱离学校的成人教育，是继续教育的一种主要形式，为终身教育的实现提供了可行性手段。作为一种几乎得到全球认可的教育形式，远程教育所具有的特点应该是十分明显的。当然，对于其特点的分析完全是见仁见智，大家可以从不同的技术或应用层面及不同的角度和需要来分析。通过特点分析，可以更好地发挥其特点优势，使远程教育真正实现提高人类教育水平的目的。作为一种新的教育形式，现代远程教育具有如下特征：

1. 学习方式自由灵活

现代远程教育以多媒体技术和网络技术作为主要手段，借此实现课程的远距离传播，突破了学习时间和空间的限制。学习者不受职业和地域的限制，可以自主选择课程的学习，教师和学生不用面对面也可以进行交流。任何人在任何时间都可以根据自己的需要接收教育信息，实现实时和非实时的学习。现代远程教育的这个特点，使教育机构可以根据受教育者的需要和特点开发灵活多样的课程，提供及时优质的培训服务，为终身学习提供支持，有利于学习型社会的形成，具有传统教育不可比拟的优势。现代远程教育遵从"以人为本"的教育理念，用以学习者为中心的自主学习方式取代了以教师为中心、教材为中心、课堂为中心的传统教育方式，使学习者摆脱了多年来在传统教育模式下所形成的对教师的过分依赖，实现了由被动学习到主动学习的转变，有利于培养学习者的独立探索精神和开拓创新意识。

2. 学习资源高度共享

现代远程教育的一个重要特点就是可以实现资源共享。现阶段，我国的教育资源相对匮乏，教育资源共享已经成为当前学习的基本要求。现代远程教育利用网络为学习者提供了丰富的信息，这些信息放到资源库中可以供不同地域的不同学习者随时学习，做到"一课多用"，降低了教学成本，提高了教育资源的利用率，同时满足了学习者自主学习的需要。现代远程教育可以实现优秀师资、高质量教学课件和各类媒体资料等教学资源共享，基于互联网的远程教育系统平台的部署和实施为提高教育水平和教育资源的优化配置提供了有效的途径。

3. 多维双向性

多维双向性指的是存在于互联网中的远程教育能够实时地传递多维的信息，使这些维度的信息可以进行双向性的互动。远程教育具备多维双向性的特点指的是教授与学习这两种活动能够同时进行。在同一时间，教师可以教授给学生需要的知识，而学生也可以第一时间接收到新的知识。这种双向性还体现在教师与教师之间和学生与学生之间的信息互动。远程教育具备多维双向性，这就使多名教师可以同时在网上授课。同一门课虽然有多名教师教授，但是每个教师授课的内容有很大差别，所以可以使学生学到不同的课程内容。远程教育可以使一名学生与一名教师同时交流，也可以使一名学生与多名教师同时交流；可以使多名学生与一名教师同时交流，也可以使多名学生与多名教师同时交流。虽然其他的教育方式也具有双向性，但是一般都是一名学生与一名教师交流的形式。

远程教育具有多维双向性，这使得教授与学习的活动可以在极大的范围内进行。一般来说，教授与学习活动的范围越大，双方能够获取的信息也就越丰富。虽然计算机技术的发展带来了信息互动的多维双向性，但是想要将这种多维双向性合理地应用在远程教育，需要经历更长时间的磨合和完善。现在，我国仍有许多远程教育系统的研发还不够完善，不能够使该远程教育系统具备信息交流的多维双向性。研发远程教育系统的技术人员应当重点研究如何使远程教育系统具备信息交流的多维双向性，随后再去完善系统中信息交流的多维双向性功能，使人们可以在现实世界使用该教育系统。

4. 实时性与时空性

远程教育的实时性通常被认为是实时地转播教学内容，也可简称为教与学活动的"现场直播"。因为网络技术已完全可以满足实时性的要求，所以这一特点基本上已得到人们的认可。其实，从某种程度来看，"现场直播"并不是现代远程教育的一个最明显的特征。以往的广播和电视也可以做到现场直播。现代远程教育的实时性与传统远程教育的实时性的差异体现在：现代远程教育可以及时地更新教育信息。不仅计算机技术的进步使现代远程教育有了实时性，而且当今社会也需要现代教育能够为学生输送最新的教育信息。现在，知识信息不断推陈出新，科技也在不断发展，教育信息必须与快速发展的时代的需要相匹配。远程教育需要及时将新的知识传播给学生，这样，学生才能接收到最新的知识，而不是已经被淘汰的、落后的知识。当今世界有很多学术机构会在现代远程教育平台传输他们的学术论文等成果，以供世界人民学习并借鉴。

而我国许多著名大学在这方面发展滞后。国内许多大学在学校平台上上传的网络课程都没有很大差别，同质化严重。很多大学会将平时线下课堂的教学内容放到网络平台，没有多大意义，而且这些网络课程的信息是任何大学都有的，不具备独创性。大学应当独创属于自己学校的教学内容，提高网络课程的价值，使现代远程教育中的教学内容呈现出多元化形态。现代远程教育的实时性需要使学生接收的信息与教育信息同步，还需要及时更新平台中的教学知识。

现代远程教育不仅是实时性的，而且具有时空性特点。通常情况下，时空性指的是学生对学习环境和时段选择的随意性。现代远程教育具备时空性对学生的学习活动起到了许多积极作用。学生可以自主选择合适的时间和学习环境，在最适合自己学习的条件下开始现代远程教育的内容学习。现代远程教育的时空性特点对教师也有着积极作用。教师在录制网络课程时，可以自由选择最合适的地点和时间段录制教学内容。正是因为现代远程教育具有实时性和时空性，所以人们才能够在网络中随时获取自己需要的知识信息并与他人共享。学校只有真正发挥出远程教育的实时性和时空性的作用，才能使教学效率得到提高。

5. 可控性

以往传统的教育有着距离远和单向传播的问题，所以人们觉得远程教育不受人类控制。但是在互联网时代，现代远程教育具有可控性的特点。远程教育可以通过自己的技术手段对教学活动进行一定程度的管控。互联网时代下的远程教育有着多维双向性、实时性等特征，能够确保整个教育过程是可以被管控的。

二、新媒体在现代远程教育中的作用

（一）帮助远程教育的学生提高学习能力，满足个性化需求

以往的远程教育使学生在学习知识时没有线下上课的环境，只能单向地听教师讲授的教学内容，这样的远程教育存在很多弊端。而如今，随着信息技术的发展，远程教育的内容也变得比以往更加生动了。学生可以在微信等软件上与人实时交流学习内容，这不仅有助于学生学习兴趣的培养，而且还有效地提高了学生学习的能力水平。每个学生的最佳学习时间都不相同，有的人习惯在上午学习知识，有的人习惯在下午学习知识。而现代远程教育可以提供给学生更多的选择，有利于学生吸收更多知识。

（二）实现传播理念的创新

以往的传播媒体一般都是进行单向传播，传播的范围有限，传播的受众也有限。这样的话，学生就接触不到丰富的知识内容，只能单一地接收一个媒体传播的知识。以往，学生可以接收到的知识通常不是自己需要的。在新媒体时代，远程教育存在于电脑等互联网终端中，可以方便学生随时随地学习知识。教师在进行远程教育前，可以提前在网络中发布网络课堂开始的具体时间以及这节课所要讲述的内容梗概，这样就可以使学生有选择地观看。教师在自己选定的地点教授知识时，可以用新媒体技术将自己这边的画面传到网络平台中，使学生可以在家里就能听教师讲课，还可以与授课教师和其他同学进行互动，方便教师掌握学生动态。现代远程教育已经彻底摒弃了单向传播，使学生在接受现代远程教育时可以根据自己的需要选择适合自己的课程。现在，每一个远程教育平台都允许教师发布信息，也允许学生发布信息，这扩大了信息传播的范围。

（三）实现传播方式的创新

现在，远程教育的服务更加完善了，其中专业的工作人员会指导学生如何使用远程教育平台，方便学生进行学习；会建立学生需要的信息网站，以供学生查找信息；还会将动画等有趣的视频融入教育信息中，使学生增加对学习的兴趣。远程教育平台也有知名教授的讲课视频，方便学生进一步学习更深层次的知识理论。同时，学生也可以上传自己学到的知

识，以供其他人共享知识。

三、新媒体语境下现代远程教育发展创新策略

（一）学生：提高自主学习能力

如今，人们开始重视学生的学习主体性。学生获得自主学习的能力很重要。远程学习相较于传统的学习方式而言，具有选择性和开放性。学生在进行远程学习时会发挥自己的学习主体性作用。传统教育形式比较呆板，而远程教育的形式更加多变。远程教育中有学习小组的学习形式，使学生可以与小组中的其他人进行讨论，畅所欲言，发挥远程教育的交互性，使学生在这一过程中深入地学习知识，发挥学习的主观能动性作用。学生在接受远程教育时，可以集中学习的注意力，学会管理学习时间，学会如何与人交流知识，学会怎样正确地学习知识，学会利用小组交流的形式巩固已学的知识。

（二）学校：完善学习支持服务，提供信息技术支持

在新媒体环境下，远程教育只有为学生提供优质的、多元化的、个性化的服务，才能提高远程教育的质量。远程教育可以使学生拥有更多受教育的机会。在新媒体环境中，学生能够按照自己的需求选择适合自己的学习方式，可以选择教师在线的直播课，也可以选择教师不在线的录播课。所以，学校应当顺应时代的发展，为学生提供多种学习方式的服务。

学校应当从以下三个方面完善校内教育平台的服务体系。一是在课程开始前，学校需要掌握学生的学习需要，将学生的学习动态信息整合起来，汇总给教师。教师按照这些信息改善教学内容，使学生能够获得真正需要的信息。二是在课中，教师需要给学生一些学习方面的建议，包括学习方法等。三是在课后，收集学生的反馈意见，使教师及时完善教学内容。同时，学校需要完善资料库，建立远程教育资料库，使学校中的教师和学生可以利用资料库学习更多知识。

（三）教师：提升开展行动研究的能力和教育水平

在新媒体时代，远程教育不断发展壮大。技术的进步为远程教育的发

展提供支持，教师则是远程教育的灵魂人物。在远程教育中，教师承担着更多的责任，发挥更大的作用，因为在其中面对的可能是更多的学生求知和教育成长。作为远程教育的教师，需要熟悉远程教育流程，不断进行自我的技术迭代，促进自我发展。在远程教育中，要结合理论指导，不断开展实践教学研究，将远程教育的优势发挥到最大，不断磨合教师与远程技术的熟练程度，促进教师教学水平的提高。教师素质不断提高、远程教育基础设施投入增加、管理制度改善和管理人员技术水平提高，才能综合促进远程教育的发展。学校在远程教育中应该为教师和学生提供最大的便利，首先，加强对教师的技能培训，为他们提供新型的信息技术支持，比如可以提供在线教学平台，并出示平台使用指南，促使教师快速熟悉远程教育相关工作，并在此基础上不断精进；其次，学校应该最大限度地提供网络并保证网络的畅通，提供给教师和学生一个无障碍进行远程教育的环境。

（四）技术：积极研发和改进新媒体技术的应用

积极研发和探索新媒体技术，并结合远程教育使用，将大力推动远程教育的发展。与传统的教育相比，远程教育是依托互联网而生的，而互联网带来的优势是显而易见的，所以要充分利用好互联网，让远程教育发挥其最大的优势。利用新媒体技术，增加教育资源的丰富性和传输的有效性，让更多的学生接触到更广的知识面。运用新媒体技术，革新远程教育课程设计。首先，学生在线上可以自主选择自己感兴趣的内容，也可以在客户端自主发表内容。教师对内容做整理归纳，并形成自己的课程，提高学生的参与度，引起学生的兴趣。其次，在学习过程中，学生的每次提问以及教师的解答、思维上的变化，都能由平台记录下来，也可以在日后形成备忘录，为更多的同学答疑解惑。最后，新媒体技术能够形成学生历史学习记录，为教师对学生的评测提供参考。在教学平台的学习记录可以成为学生在某个阶段学习的评价依据，在某个层面上实现远程教育过程的监督和公平。

第三节　新媒体在大学英语教学中的应用

一、新媒体在大学英语教学中运用的优势

新媒体技术渗透在大学英语教学中，无疑会给大学英语教学打开全新的窗口，带来全新的生机。

具体而言，首先，它可以有效地解决教学资源不足和分配不均的问题，利用新媒体教学手段能够对课内、课外的知识加以讲解和引用，方便师生互动，打造动态的师生关系，营造多元化教学氛围，还可以利用大班英语教学模式公平地分配师资力量。在新媒体教学模式的支持下，翻转课堂、直播教学、微课、慕课平台等多种教学窗口纷纷向学生伸出了橄榄枝，方便学生随时随地开展线上学习，在一定程度上缓解了教育不公平问题。

其次，新媒体教学技术能够提高英语学习效率。有关研究充分表明，人脑对于文字、图像、声音等多种元素的接收速度中文字最慢，图像和声音较快，新媒体教学技术可以调动视觉、听觉等多种感官，打造声音、图像、文字互相结合的多元化教学模型，构建学习的场景意识，扩充课堂信息量，对于语言准确率的提升也有益处。利用新媒体网络技术辅助英语教学能够利用宝贵的课堂时间加大教学信息量的输出，教师还可以在PPT中插入原版英文影视作品、歌曲桥段等超链接，为学生打造身临其境的教学氛围，减少由于教师教学水平带来的语言认知误差。

除此之外，新媒体教学技术的加入，也有利于打造个性自主的学习模式。在新媒体网络手段的依托之下，学生可以根据自己的实际情况、学习时间打造适合自己的个性化学习策略，也可以利用人机交互的模式展开多元化自主学习。

二、新媒体在大学英语教学中运用的弊端

在对新媒体教学模式的教学优势进行分析之后，我们要理性地看待新媒体的运用不当可能造成的弊端。

首先，如果过度利用新媒体教学技术开展大学英语授课，容易流于形式，造成形式大于内容的错误。比如，教师会采用制作课前PPT的方式对课堂内容进行导学；还有一些教师过于追求PPT的制作装饰，反而分散了学生对学习重难点的注意力。当然教师的初衷是为了吸引学生快速进入学习状态，但错误的方式容易混淆教学的重点。

其次，新媒体教学模式的不当利用容易造成信息量太大，无法分清主次，使教学内容的分布杂乱无章。新媒体技术为了丰富课堂的趣味性，产生了多种课堂开展模式，如果滥用这些模式反而会由于信息量过大过杂影响学习效果。

除此之外，课堂教学时间是宝贵而有限的，如果过多地利用网络教学资源，会影响教师主观能动性的发挥。目前新媒体教学技术虽然可以作为传统教学的有力辅助，却不能完全替换人工教学，英语课堂还需要教师和学生加强互动，如果过分夸大新媒体教学技术的作用，会影响师生之间的互动成果。还需要注意的是，新媒体网络教学资源虽然体量较大，但是质量参差不齐，教师要注意筛选，否则低质量的学习资料反而会浪费学生的学习时间。

三、新媒体在大学英语教学中应用存在的问题

（一）人才培养与社会需求脱节

经济全球化的当下，国际交流和合作已经成为趋势，英语是国际交流中最主要的语言，培养英语人才应该是当下人才培养的重点之一，所以，对于大学英语教学要求也更高。高等院校的教学理念也要变革，需要培养具有良好的实践能力、综合素质高的国际型人才。在新媒体技术逐渐成熟的情况下，英语人才的培养不应该局限于英语口语的交流，局限于学校和

课堂，应该利用网络进行全方位的培养。现在国家需要的人才是能够通晓多个领域、多个学科，并对一些英语国家的国情、文化等熟悉的高素质复合型人才，但从我国教育现状来看，英语教学的教育资源相对匮乏，导致高校人才难以与国际接轨，阻碍了大学英语教学国际化的进程，进而限制了大学英语教学水平的整体提升。

（二）传统模式影响根深蒂固

面对教育改革的现状，大学英语教育也面临着改革，但传统教育的影响仍在左右着现在的大学教育。在国际化交流如此频繁的现代社会，我们发现了一些国外的先进教育理念和教学方法，想将它们也应用到我们的人才培养上，传统的教学模式因此受到巨大的冲击。但传统的教学模式影响根深蒂固，引进新的教学模式需要打破束缚，解放思想，需要寻求适合我国人才培养教学模式的引进路径，这并非易事。传统教学模式与国际先进教学理念之间的差距需要主动去探索，找到最适合的融合路径，而这并不是一朝一夕就能完成的。

（三）人才培养方向模糊

没有目标、没有方向的人才培养是难以有成效的，这也是目前我国大学英语教学中存在的问题。对于英语的学习不应该只是为了完成某一门科目，而应该将它融入生活，为了走向国际、开阔眼界。在大学英语课堂上，教师应该为学生们普及这一思想，让学生们了解和掌握一项通用的语言技能，是走向世界的有力法宝，要发现英语学习的真正价值。

四、新媒体技术在大学英语教学中的应用路径

（一）利用新媒体技术，营造英语氛围

营造良好的英语氛围是高校教师进行英语教学的重点之一，教师应该将先进的网络技术与枯燥的课堂教学结合，让学生享受英语课堂的时间。如对于英语口语，借助网络播放有趣的英语原声片段，让学生沉浸式扮演，模仿原声发音，感受语言情境；对于英语阅读材料，可以将生僻词进行提取，让学生猜意思，提高学生参与度，引起学生兴趣，加深学生的学

习印象；对于英语作文，可以让学生来检查单词、句子的正确率等，提出自己的见解。在教学课堂中，教师随时用多媒体技术对重点单词、语法、系统知识进行归纳总结，掌握学生的学习难点，夯实学生基础。教师还可以利用新媒体制订教学策略，帮助学生建立知识体系，找到适合学生的学习方法，综合提高学生的学习能力。

（二）利用新媒体技术，强化情境教学模式

在英语教学中加入新媒体技术，发挥情境教学模式的最大优势。将网络新媒体与英语教学结合后，可以将英语教材的知识变得更丰富，用新颖的形式引起学生学习英语的兴趣。情境教学模式是其中的一个体现，这种教学模式可以活跃课堂的气氛，增强互动性，使学生通过视频、图片多方面感受英语语言的魅力，认识英美文化与中国文化的差异。在愉悦的学习环境中学习，更容易激起学生的学习兴趣，增强自身学习的主动性，积极思考，探索新的学习方法，积极地为自身学习寻找学习方式方法，制订符合自身需求的学习方案，提升自身的学习广度和深度，在英语学习的各个模块都能沉着应对，不再产生排斥的心理反应，将英语融入生活，为以后的就业做好必要准备。

（三）利用新媒体技术，变革学习评价体系

结合新媒体技术，学校对于学生评价体系的构建由过去的单纯结果论变成多方面的学生学习情况的反馈，激励学生注重过程而不是单一的结果。每个学生的成长背景、家庭状况、心理特点、成长速度等不同，所以在英语学习时能够接受知识的程度也不同，表现在试卷上的成绩自然也不同。在新媒体环境下，高校更应该关注学生的成长性评价，加入学习过程的评价能更好、更全面地反映一个学生的进步，这种评价体系对培养英语专业人才有很大的推动作用。

（四）利用新媒体技术，打造网络媒体平台

新媒体技术普及后，网络媒体中各类书籍、公共图书馆资源和各种英语视频音频等都进入学生和教师的视野。学生可以根据各种网络资源进行学习，可以跟英语爱好者交流学习心得，分享英语学习经验，提高综合能力；教师也可以利用网络上的资源进行自我教学的完善，并了解学生学习

兴趣方向，使学习内容更具有针对性，帮助学生走入英语学习的正轨。学生可以通过各类网络聊天软件与外国人交流，营造一个英语语言环境，锻炼自己的英语实践能力。日常生活中把学校图书馆与手机端结合，学生可以利用现有资源最大限度地学习，取得进步；可以用手机随时随地学习英语，实现移动学习；还可以设置想要了解的英语资源，关注相关资讯，使国内的学习生活与国际接轨，不错过任何学习的机会；关注英语学习的公众微信号等，提高实际应用英语的能力。

第三章　新媒体背景下大学英语教学模式改革与创新之微课、慕课教学

随着互联网信息技术的不断发展，微课、慕课等教学模式已经逐渐引入大学英语的教学环节中。教师需要充分利用互联网信息技术以及其他各类现代化教学设备，进一步研究大学英语微课、慕课教学资源建设方面的实际问题，随后结合大学英语的实际教学要求以及具体教学原则进行深入分析，以便帮助学生更快地理解大学英语微课和慕课教学资源的实际内容，不断鼓励学生学习更加全面化的学科知识，进一步培养学生多方面的学习能力以及相关学科素养，逐步贯彻落实"立德树人"的教学理念。

第一节　微课内涵

一、微课的概述

自从微课的概念出现，国内学者对于微课的概念界定就一直争执不下，目前有三位学者对于微课的定义得到大家的认可，但三种说法对于微课的定义各有不同。胡铁生是国内微课的引领者，他将微课定义为"按照新课程标准及教学实践要求，以教学视频为主要载体，反映教师在课堂教学过程中针对某个知识点或教学环节而开展教与学活动的各种教学资源的有机结合"[①]。胡铁生对微课的定义赋予了其更广泛的内涵与构成，将教学

[①] 胡铁生. "微课"：区域教育信息资源发展的新趋势[J]. 电化教育研究，2011（10）.

视频的制作视为基础，增添了教学设计、素材课件、教学反思、练习测试及学生反馈等。学者黎加厚提出微课等同于微课程，认为微课程是指时间在10分钟以内、有明确的教学目标、内容短小，能集中说明一个问题的小课程[①]。这一定义注重的是微课的教学作用，将每一个微课程看作一个或几个知识点，强调其主题突出、短小精悍的特点。而另一位微课研究界专家焦建利将微课定义为"以阐释某一知识点为目标，以短小精悍的在线视频为表现形式，以学习或教学应用为目的的在线教学视频"[②]。焦建利的定义将微课看作在线教学视频，是教师课堂教学的缩影，可以在网络传播。基于以上所有的观点，微课可以定义为：教授某一知识点，师生用来课前导学、课内助学、课后巩固的10分钟以内的教学视频载体。

在微课的实践过程中，许多研究者狭隘地认为微课就是简单的10分钟以内的教学视频或学习资源，也引发了又一波对于微课构成的讨论。在讨论中，不同的研究者提出不同的视角、不同的认识。苏小兵从微课"教育资源"属性出发，提出"目标、内容、教的活动、交互、多媒体"[③]五个构成要素，教师对这五个构成要素进行分析，将学习过程划分再精心设计，完成微课的完整化步骤。另一位学者刘名卓从微课的"课程"属性视角出发，认为微课需要具备必要的课程要素，如教学目标、教学内容、教学活动（学习活动）、教学资源（学习资源）、教学评价（学习评价）以及内置必要的学习支持（如提供学习笔记、批注等学习工具）[④]。从微课的组成来看，微课是一个包含"微教案""微课件""微练习""微点评"及"微反思"等全套教学资源的教学视频。在微课中体验的是一个个不超过10分钟，但有着完整体系，拥有交互教学应用环境的视频课堂。这样的组成方式更为全面综合，教师通过微教案设计微课件制成微视频，学生通过微视频学习相关微知识，通过微练

---

① 黎加厚. 微课的含义与发展[J]. 中小学信息技术教育，2013（4）.
② 焦建利. 微课及其应用与影响[J]. 中小学信息技术教育，2013（4）.
③ 苏小兵，管珏琪，钱冬明，等. 微课概念辨析及其教学应用研究[J]. 中国电化教育，2014（7）.
④ 刘名卓，祝智庭. 微课程的设计分析与模型构建[J]. 中国电化教育，2013（12）.

习来自测知识的掌握情况，师生共同的微点评来促进彼此的微反思，这才是一个完整而又良性循环的"微课"。

二、微课的特点

微课主要是针对传统教学资源的局限性提出的一种新的学习方式，其主要特点用八个字概括：精美、简洁、具体、生动。具体而言，其包括以下四个方面的特点：

（一）主题明确

微课的作用主要是解决传统课堂教学中所出现的问题，如知识点复杂多样以及重难点层次不清等。在微课的制作过程中，其都是围绕教学内容中最重要的知识点或教学中关键的环节进行设计的。与传统的课堂教学相比，其教学内容更加精简，教学目标更加明确，教学主题更加突出，这是微课教学最重要的特点。明确主题选取的教学内容非常具有代表性，只有教学主题突出，整个教学才能真正地吸引学生的注意力，让学生更加容易理解与学习。

（二）多元真实

多元主要是指微课资源的多样化，它不仅有微课视频，还有微教案、微课件、微点评、微练习等其他形式的资源，相对于传统的课堂教学视频而言，微课资源的多样化使得整个教学更加丰富多彩。在利用丰富的微课资源时，师生将同时从中受益。一方面，学生可以利用微视频进行学习，以微练习进行相应的复习巩固，以微反馈的形式进行综合评价，这使学生的思维能力得到进一步提高，并且能够提升学生学习的兴趣；另一方面，教师利用微课资源的多样化去实现教学观念、技能等方面的提升与深化，进而提高课堂教学效率，促进教师专业成长。

真实主要是指现场情境的真实性。微课的设计都会具体到一个真实而不是虚假的场景之中，进而形成一个与具体的教学内容有机结合的微课堂。这种真实性的场景与现实生活紧密结合。教师在选择着装、教具时应与教学活动主题相一致，这样才能呈现出微课堂的情境性。

(三）弹性便捷

传统的课堂教学对教学的时间有严格的规定，而微课在时间安排上却有其明显的优势，即微视频的时间比较短，一般在5~8分钟，最长时间也不超过10分钟，这比较符合学生的认知特点。微课资源的容量不会超过百兆，易于存储，便于携带，这使微型学习成为可能。因此，学生在完成微课的学习时所花费的时间和精力不会太多，这更有利于学生弹性安排个人时间，非常便捷而且更加人性化。

（四）共享交流

共享是网络资源的核心理念。就微课目前的发展来看，其不仅具有网络资源丰富、交流便捷、互动性强等优势，而且打破了利用资源在时空上的限制，实现了教学资源的共享。除此之外，微课还为学生提供了一个网络学习与信息交流的平台，教师在微课教学后会把微视频上传到信息技术资源管理中心的网站上，供同行借鉴学习；教师还可以充分利用同行的经验不断地挖掘自身发展的潜力，加强交流与沟通、分析评价，强化教学反思。

第二节　新媒体时代下的大学英语微课教学平台建设

一、新媒体时代下的大学英语微课教学平台建设的步骤

借助微课来展开教学与其他教学模式一样，也是由三个环节构成的——课前准备、课中授课、课后反馈，在此过程中微课存在的价值是不容忽视的。

（一）课前准备阶段

在这期间主要得从三个方面进行准备：首先，教师根据全班学生英语的基本情况拟订一个科学合理的学习计划，要充分利用学生的闲暇时间，让学生在课前一边观看微课，一边拟定一个适用于自己的学习方式，这样他们在未上课之前就已经体会到浓浓的学习气氛。其次，通过所制订

的学习方案，让学生明确本堂课的教学重难点。再次，根据学生英语学习的基本情况编写一个容纳所有教学重点的导学案，以此来激发学生的学习热情，让他们积极地投入学习中来。最后，教师要在备课时认真钻研教材内容，预先勾选出教学中的重点与难点，让学生在课前就翻阅资料进行预习。某些内容可能涉及以前学过的句型、语法，将其挑出并让学生进行复习以加深学生的印象。

（二）课中授课阶段

第二阶段是课中授课阶段，这一阶段主要有四部分内容：

（1）导入课题。这一部分尤为重要，只要导入成功，就可以大大提高学生的学习热情。所以教师可以用讲故事、说笑话、做游戏这样的活动进入课题。

（2）借助微课来讲解本堂课的具体内容。通过由浅入深的分析将所授内容进行归纳整理，以便于学生掌握知识点。

（3）借助做习题的方式帮助学生加深印象，并且将所学知识用于实际。教师能通过这种方式来检查学生对知识的掌握情况。出错率高的知识点应该再次讲解分析。学生也能通过做题了解自己知识的薄弱点，可以选择当堂请教教师，也可以选择课后学习理解。

（4）知识延伸。首先教师为学生解疑释惑；其次回顾本堂课的重要内容；再次借助做习题的方式检查学生对知识点的掌握情况；最后在已经熟练掌握所学知识的条件下，进行更高层次的知识的学习，开阔学生的视野，扩充学生的知识面。

（三）课后反馈阶段

第三阶段是课后反馈阶段，这一阶段主要有三部分内容：

（1）课后的作业布置。下课之后布置与课程内容相关的题目，用来检查学生对教学内容的掌握情况。

（2）学生的自主温习。如果在课内有个别内容未能消化理解，那么就要在课后找到相对应的微课视频进行再次学习。学生在温习功课时也可以选择再次浏览微课视频，这不仅能帮助学生梳理所学知识，还能再现课堂内容，加深印象。

（3）学生互动讨论。若在学习上遇到困难，可以借助微课视频和同学们进行探讨，通过这个环节，自己不仅解决了问题，还巩固了知识。

总而言之，微课是通过影像的方式展开教学，它具有简短精练、运用灵活、传递知识快捷等特征，成功战胜了传统的"灌输式"教育，提高了学生们的学习热情，让他们在英语学习上化被动为主动。微课的诞生会颠覆传统的教学模式，它把知识要点浓缩在一个教学视频中，虽然教学内容少，但重点突出，具有针对性；虽然视频时间短，但把时间交给了学生，只要在这短短的几分钟内认真观看视频，就能掌握基本要点，其后的时间可以自主钻研，这才是真正把课堂还给了学生。

二、新媒体时代下大学英语微课教学平台建设的策略

（一）依据学生实际需求，合理设定微课内容

教师应该根据学生学习语言的具体需要来确定微课的开展方式，教学的内容须合理而丰富，以获得预期的教学效果。大学阶段学生学习语言的需求主要有两个方面：一是需要学习一些英语课程的基础知识；二是提高自身使用英语的技能。教师可以以此为目标来设计微课。针对学生学习基础课的需要，微课中要包括大学四、六级考试的相关内容。教师应根据大学英语的教学目标，按不同的内容和顺序来设计微课的内容，如语义知识和篇章结构知识。

对学生进行听力、口语、阅读及写作能力的培养也是大学英语教学中的目标，教师应该根据此目标制作一些相关的微课视频，方便学生根据自己的需要来选择学习。将微课引进教学过程后，教师应当及时建立起一个方便、快捷的交流平台，引导学生在这个专用平台上开展交流，讨论遇到的问题，潜移默化地提高他们参与微课的热情。

（二）重视媒体资源的选择，做好微课权利的保护

微课的教学视频是微课重要的教学资源，所以必须做到制作精良、选择准确、共享便捷。视频类资源是微课视频的制作基础。目前我国网络上的各类视频资源质量良莠不齐，因此需要制作者针对大学语言教学的需要

进行精心的筛选，努力制作出质量上乘、丰富实用的微课视频，让微课教学健康有序地在大学英语教育中发挥应有的作用。

从法律层面来看，我国的互联网资源在产权保护及共享方面还缺少严格而周密的相关规定。因此，高校和教师都应提高这方面的意识，在积极投入人力、物力、财力，加快制作微课视频的进度的同时，也要注意保护好属于自己的微课视频的著作权。只有做到发展和保护并举，大学英语微课教学才能沿着健康、高效的道路前进。

（三）重视教学经验总结，完善大学英语微课教学系统

在大学英语教育中引进微课的形式，对于促进高校教学改革意义重大。在高校英语教学中推广和运用微课的模式，可以推动微课研究的深入开展。学校和教师应当从微课的教学实践中总结经验，不断更新微课的授课内容和教学方法，在教学过程中发现问题、解决问题、积累经验，争取创建并发展一套科学实用的微课教学理论，使之成为微课教学不断取得进步的基础。直接面对学生的教师应当结合自己的角色优势，边摸索，边分析，边总结，把自己的教学实践经验和微课的教学理论结合起来，努力探索新的可以与微课相辅相成的教学方法，把微课教学的优势充分发挥出来，促进大学英语教学改革稳步推进。微课具有便捷、开放、活泼、丰富的特色，这种教学模式可以成为大学教育的一种新思路和新方式。在制订微课教学计划时，不仅要与教学目标和计划相符，还要考虑学生学习语言的需求，对课程做出合理的安排，建立起可供学生交流互动的优质平台，以获得预期的教学成效，使得大学英语教育变得更具实用性。

（四）教育部门统一微课的教学观念

教育部门在统一部署安排微课的发展过程中，需要进行大力宣传，鼓励更多英语教师参与到微课当中，不仅要接受微课，更要学会自己制作微课课件，让教师的思想达成一致。教育部门不仅要指引教师制作微课，更要从思想上引导教师，帮助他们转变传统的教学观念，从而树立起新的教学目标。微课的本质就是让学生成为教学课堂里的核心和中心，英语教师根据学生的需求设计微课并运用于学生，那么在制作微课的时候，就可以用多种多样的方式和形式来展现课堂内容，将学生的喜好融入微课当中，从而提升微课的

趣味性和独特性。除了充分调动教师参与微课制作的积极性，教育部门还要对微课的内容进行正确的引导，使这种新型的教学模式与传统的教学内容相适应、相呼应，从而最大限度地发挥微课视频的功能，使其能更好地对传统教学的内容进行补充和升华，让学生们在英语课堂上加强吸收课程内容，增强获得感，并且通过不断的练习，更好地理解教学内容。

（五）为英语教师开通微课制作技术培训通道

制造优质的微课视频离不开英语教师的熟练操作技术，教师不仅需要掌握最基本的微课理论制作知识，还要克服各种技术难关，掌握视频制作的基本技巧，熟练操控微课制作的应用软件。微课视频的制作对于很多教师来说会很难，仅依靠个人自学无法完成制作任务。

有些英语教师在微课视频的制作过程中碰到困难和阻碍，甚至产生了放弃的想法。面对教师的畏难情绪和不自信的情况，有关部门需要积极开展相关培训活动，开通技术支持通道鼓励教师制作微课视频。此外，学校也要充分利用、整合校内外资源，搭建校园沟通内训平台，并且可以专门聘请技术人才来培养英语教师制作微课视频的能力。各部门同学校齐头并进、联手合作，才能安抚教师的畏难情绪，解决在实际操作中遇见的障碍困难，从而激发教师积极创作微课视频的动能。

（六）相关部门组建英语微课视频研发队伍

只凭借个人力量无法制作出具有高品质、特色化的英语微课视频，要想将所有教学资源进行整合和重组加工，并且制作出完整的微课视频，需要依靠团队的力量来共同完成，要消耗大量的精力和人力来参与其中。相关部门要组建专门的队伍研发英语微课视频的制作，尤其是教育部门要进行牵头，充分整合所有教育资源，通过科研立项和资源整合来吸引更多的专业化人才，尤其是视频制作方面的技术人才，从而形成新的教育团队，通过合理的人员分工共同完成制作英语微课视频的任务。英语微课视频的制作不仅要高质量、高效率，还要有系列化的内容。有关部门要积极推进英语微课视频制作团队的构建，多开展英语微课视频的项目活动，如以小组专题研讨的形式开展英语教师的交流活动，以培训授课的方式组织英语教师进行微课视频的制作与设计。总之，以团队的方式加强英语教师制作微课视频的技术水平。

（七）英语教师强化英语微课视频的系统性

英语微课视频之所以需要具备一定的系统性，是因为一门学科的形成离不开知识结构框架的组建，所以，团队在分工制作英语微课视频时，首先就需要重视并强化微课视频的系统性。微课视频可以围绕辅导教材的内容进行展开。将英语教材知识融入制作过程中，从而形成系统化的视频内容，以便于将微课视频应用于英语教学课堂和教学方法。系统化的微课视频有助于英语学习者及时获取英语知识，形成完整的知识框架，掌握英语学习的技巧方法，熟悉把握英语学习的重难点，并且能够有的放矢，在薄弱的地方加强学习、擅长的地方加强巩固，让学习者的英语综合能力得到不断提升的同时，形成自己的学习方式和学习思维，大大提升学习者的积极性和自信心。

第三节 慕课概述

一、慕课的概念

慕课的英文名为"MOOC（Massive Open Online Courses，大规模开放式在线课程）。认识慕课不能将其单纯地看作一种教学或者自学方式，它的内涵十分丰富，包括许多不同的环节，有讲授、讨论、作业、评价以及回馈等不同的环节。在教学过程中，教师的主电脑是与学生的电脑联系在一起的，这使教师可以直接了解学生的学习情况，能对学生基本的学习动态予以把握。学生的所有学习痕迹都可以在电脑上显现出来，教师通过对学生的学习情况进行梳理，就能从整体上掌握他们的学习情况，并给予他们恰当的学习建议，帮助他们制订合理的学习计划。

慕课是当前出现的一种比较新颖的教育形态，它将许多新的要素融合在了一起，这里的新的要素不仅包括在线学习，还包括大数据分析以及移动互联等。正是因为如此，用户可以获得许多丰富的学习资源，并利用这些学习资源取得不错的学习效果。可见，慕课在教育中能发挥十分积极的作用，它的这一作用不仅引起了政策决策者的注意，还引起了投资者以及教育人士的注意，他们纷纷行动起来，运用自己的力量去进行慕课建设。世界范围内已经形成了比较著名的三大慕课平台，分别为Coursera、Udacity、edX，这三大平台为用户提供了丰富的学习资源，学生可以在这些平台上进行愉快的讨论，同时在讨论过程中还能提高自己的思考能力，以及培养自己的协作精神。慕课平台上的学习资源都是十分优质的，这些资源一般都为世界高校的优秀课程，课程的讲解者也都是世界知名学校的教师，因此课程的质量是毋庸置疑的。

二、慕课的特征

（一）大规模性

这里的大规模性是指学习者的数量是庞大的，与传统课堂的几十人、几百人相比，慕课课程往往同时会有上万人参与。大规模主要是指大量的学习者，也指大规模的课程活动范围。随着慕课模式的不断完善，以及各种优质的课程资源被上传到慕课平台，慕课将会成为一个史无前例的课程体系，所有的用户都能在慕课平台上受益。

（二）开放性

慕课的学习者并不来自某一特定的地区，它来自世界各地，所有的学习者只要注册了慕课平台，拥有账号之后就能享受来自世界各地的优质的学习资源。可见，慕课课程是围绕着兴趣建构的，所有的学习者，只要他们有学习的兴趣，就可以参与到慕课课程中来。从这里其实也可以看出，慕课是面向全体学习者的，它是开放的。因而，慕课学习是一种将分布于世界各地的授课者和学习者通过某一个共同的话题或主题自愿联系起来的学习方法。

（三）非结构性

慕课提供的知识点相对来说比较碎片化，将碎片知识结合在一起就成了一个完整的知识体系。这些内容集合的独特之处在于能够"再度组合"——

所有的学习资料未必堆砌在一起，而是通过慕课彼此关联。

一般而言，在西方，慕课并没有一个组织者进行课程的顶层设计。最初它只是一些热心教育的人士或者在一些领域顶尖的专家为传播该领域的知识而提供的"志愿者"服务。后来，有一些大学出于授予学位或学习证书的需要，试图对慕课设立课程标准，以便为其课程与学位提供质量保障。

在我国基础教育领域，当前已经走出了微视频仅仅在于提供课后辅导的角色，进而试图借助慕课，对教学进行改革。因而，在提供碎片化知识的同时，让教师与学生共同理解知识点之间的内在逻辑乃至一门学科的知识，也被作为重要的问题提了出来。这就决定了在中西方之间慕课建设会有很大的不同，我们把中国未来的慕课学习称为"基于系统设计的碎片化学习"，它在结构形态上会与西方有一定的区别。

三、慕课教学模式的优势

（一）打破了时间和空间的限制

首先，教育的实施者和发起者可以将教学内容、课程与资源不受时间空间限制地上传至网络平台。随着网络信息技术的进步与革新，上传手段和内容方式也更加多样、更加迅捷，这将极大地有利于网络平台知识的适时更新。

其次，有利于破除学习者的学习空间和时间阻碍。这也就意味着所有具备上网条件的人，皆可不受时空限制，依照自己的兴趣爱好和生活节奏开展学习活动，并及时得到学习反馈。这是一种充分利用在线双向交互特点，支持教育者、受教育者之间无间隙在线学习与互动的教学模式，优于早期线上课程、远程教学及其他形式的多媒体课程，改变了以往的网络课程都仅以单向提供资源的弊端。

最后，无时空限制还意味着通过网络，教师可以准确地了解学习者的学习过程，从而在大数据分析的基础上，正确掌握学习者的学习情况，跟踪其学习进程，探寻学习过程中所普遍存在的学习与认知规律。在慕课平台中心的构建过程中，通过数据资料的汇总，学习者对不同知识点的反应将被放大，这将有利于深入研究认知科学，归纳行为科学的教与学的规律，也有助于提高学生的学习质量与学习效率。

（二）教学中可以做到以学生为本

第一，慕课教学模式强调重组课程的内容。各学科专业领域的权威教育者可以将先行编制的多样化教学资料上传至慕课平台，这些资源设计之初未必相互关联，可以作为单独的学习单元，也可依照一定的目的、逻辑和意义进行排列组合，以此形成学习目标各异的学习单元集，从而实现课程资源的合理利用。

第二，慕课教学模式强调众包交互的课程学习方式。在慕课平台上，学习者共同构成了解决线上问题的"群众"，不仅是在虚拟世界中，即使是在现实世界中，他们也可以一起就某一问题展开热烈的讨论。学习者可以根据自己的兴趣在慕课平台上学习知识，与他人互动，这样，他们的学习效率与质量就能提高。因为慕课平台让学生可以形成众包交互的学习方式，因此学习实现了转化，成为一种具有个性化的知识建构过程。从这个方面来说，学生学习的自主性将会提高，这非常有利于学生终身学习意识的形成。

第三，慕课教学模式同时也可以对课程评价方式予以创新。在慕课平台上，所有的学生都可以相互评价，因为学生之间接触时间比较长，他们相互了解，因而评价起来就比较真实。这在一定程度上也减轻了教师的评价压力。在信息技术的不断发展之下，慕课平台的评价方案越来越多，能够满足不同学生评价作业的需求。

（三）具有较高的效率

在许多领域，大数据都受到了人们的高度关注，教育领域也不例外。比如，当前，学界十分关注大数据在学习分析中所发挥的作用。教育大数据已经成为教育发展的一个趋势，就连学生的学习数据也能被收集起来进行分析，这样，教师就能在第一时间从整体上掌握学生的学习情况，了解学生的学习优势与不足，从而肯定学生的学习优势，并就学生存在的学习问题提供合理的建议。学习者在慕课平台上学习会产生大量的学习数据，对这些数据进行分析，能了解学生的学习时间、学习习惯等规律，这对进一步完善慕课平台也是非常重要的。

第四节　新媒体时代下慕课在大学英语教学中的应用研究

一、基于慕课的高校英语具体教学应用

（一）慕课应用于高校英语教学的准备环节

1. 理顺课程知识点

英语教师负责知识点的梳理，具体来说，可以利用不同的方法完成知识的梳理工作，不仅可以利用思维导图的方法，也可以使用树状图的方法，这些方法能使原本琐碎的知识变得有逻辑。在这一环节中，教师对教材知识点进行深入挖掘，并利用图式完成知识点的梳理之后确定最终的教学内容。这一方面可以保证教学内容的基础性与全面性，另一方面也能让慕课教学视频变得更加简约。这里笔者需要指出的是，慕课教学视频的时间有一定的限制，通常被限制在5~10分钟，时间不长意味着英语教师需要在一定的时间内完成所有重点知识点的梳理。

制作慕课视频并不是将所有的知识点进行罗列，而是要借助其他的视频资源形成生动、知识点丰富的视频。在进行知识点梳理的过程中，英语教师要根据不同的知识点确立行动计划，比如，英语语法知识点比较丰富，因而英语教师在进行这部分知识点的慕课视频制作时需要统一意见与行动。在慕课教学中，教师提供给学生的各种教学视频是学生学习的主要依据，因此教师在制作慕课视频时一定要确保知识点的准确性、缜密性。当所有的知识点都被确立之后，英语教师可凭借自己的教学经验对知识进行分析、整理，也可以在网络平台上挖掘更多的视频资源，同时对于某些疑问也可以在网络平台上向他人求助。总而言之，英语教师的主要任务就是为学生梳理出正确的知识点。

2. 精细化并更新知识点

在慕课教学中，尽管学生的自主性提高了，但他们依然需要接受教师

的引导。因此，教师在慕课教学中的理念将会在一定程度上影响教学的质量与效率。在进行慕课教学之前，教师应该对自己的教学能力有清楚的了解，不能过于任性，而是应该与其他教师合作，共同制作慕课教学视频，从而使慕课教学视频的最大功效可以发挥出来。所有的英语教师都应该在慕课教学之前碰头，就英语口语、写作等一些重点内容进行分析，使它们能精细化，最好可以将一些新的知识点融入视频中，这样，学生就能开阔自己的学习视野。慕课平台是一种互动平台，高校应该在这个平台上为教师与教师、教师与学生的交流提供一个模块，同时还应该将他们交流的信息记录下来，以使其在看到这些信息时能认识到自己转变的过程。

（二）慕课应用于高校英语教学的实施环节

1. 发送课堂任务

在进行慕课教学之前，教师应该将一些具体的任务分配给学生，任务内容是极其丰富的，主要包括学生观看教学视频、学生完成视频中的练习训练、小组讨论等。同时，教师还应该强调教学视频的重要性，要让所有学生都能完成视频的观看。在英语课堂上，教师主要向学生传授的是英语基础理论知识，而在慕课教学视频中，教师不应该过于重视这些知识的融入，而是应该多加入一些英语技能训练，如英语口语训练等。不过，笔者需要指出的是，每一位学生的英语能力不同，对于理解同一类知识、进行同一类技能训练所表现出来的结果可能会不一样。有些学生在学习过程中可能会遇到不少问题，这时教师就需要行动起来，积极地在线上与学生加强沟通与交流，从而掌握他们的问题所在，并为其提供问题的解决方案。对于大部分学生存在疑惑的知识点，教师就没有必要一一向学生解释，可以在课堂上进行统一讲解。

2. 丰富课堂活动

传统英语课堂教学只是注重知识点的输入，教师没有为学生组织各种教学活动的意识，但慕课与传统英语课堂不一样，它十分提倡教师在英语课堂上为学生组织多样的教学活动。基于此，在实际教学中，英语教师应该转变教学观念，多为学生组织情景模拟、职业问答等活动，从而使学生在参与活动的过程中不仅能学习各种英语知识，还能提升自己的综合能力。此外，教师还可以在英语课堂上为学生组织辩论活动。辩论的方式能激发学生的思考能力，使其能更加快速地找到自己过去的所学去应对对方辩友的提问，这样，学生的英语表达能力就能有所增强。对于一些英语学习能力不错但还需要进一步提高的学生，教师需要额外为他们组织活动，比如，教师可以鼓励学生参与英语视频的制作。参与英语视频的制作能让学生在制作过程中巩固已学的英语知识，同时也能使其自主学习能力有所提高。

3. 组织学生讨论

当前，信息技术飞速发展，学生获取学习资源的途径变得越来越多样，这样他们可以从不同的渠道获取知识，也让英语课堂变"大"了。让学生掌握良好的学习模式当然重要，能使其学习质量有所保证，但相比这一目标，培养学生的协作能力将更加重要。因此，在英语教学中，英语教师可以对学生进行分组，让他们以组为单位进行问题的探讨，从而使其在解决问题的过程中可以更好地培养协作能力，与其他同伴形成和谐的关系。

4. 实施检测评价

检测评价并不是对学生某一个知识点的掌握情况进行评价，而是从整体上对学生的学习情况进行评价；不仅要对学生的课前、课中与课后学习情况进行评价，还要对学生的网络学习情况进行评价。笔者认为，对学生的学习情况进行全面评价十分有必要，只有这样做，教师才能及时、全面地掌握学生的学习动态，也才能发现学生在学习过程中存在的问题，并对其学习问题进行分析，进而提出解决问题的方案。在慕课教学中，教师要关注学生的方面有很多，要关注学生参与慕课教学的积极性如何，要关注学生参与慕课教学的效果如何等。在对学生进行实际的检测评价时，英语教师可使用的手段是多种多样的，不仅可以使用问卷调查的手段，也可以使用师生谈话、建立学生成长档案的手段。

5. 进行总结反思

课堂教学形式是处于变化中的，但无论它发生怎样的变化，学生都需要对过往所学进行巩固，而巩固知识主要是通过反思进行的。在英语慕课教学中，学生的总结反思工作也是在线上完成的，学生之间可以互相评价，通过评价结果，学生可以对自己的学习进行反思。学生线上反思的重点应该是学生在慕课学习中遇到的一些重难点知识以及自己无法理解的知识。对于这种情况，英语教师可以根据学生存在的疑问去解决问题，也可以对问题进行分类，从而使所有的问题常规化、精细化，这样，学生的问题就能被高效解决。同时，教师在引导学生解决问题的过程中可以对学生的反思进行适当的指导，在这一过程中，学生的反思能力也会有所提高。

二、新媒体时代下慕课应用于大学英语教学的策略

（一）转变办学观念与学习模式

慕课教学模式是一种具有开放性特征的教学模式，从这个方面来说，它其实与远程开放教育、早期函授教育是有着异曲同工之妙的。这几种教学模式所秉持的发展理念都是开放教育理念，是对优质教育资源进行合理配置的结果，这样，全球范围内优质的教学资源就会被集中在一个慕课平台上，所有学习者都能享受到同样的资源。可见，从本质上来看，慕课是一种开放的教学模式。中国高校如果要实施慕课教学模式，就需要对其进行深入的了解，同时各大高校还应转变办学观念，只有对这一模式有清楚的了解，才能积极适应社会转变，才能使高校英语教学的质量有所保证。具体来说，高校应该在以下两个方面做出改变：

第一，英语办学主体应该发生变化。应该意识到，传统的单一办学主体已经无法适应社会的需求，所有的办学主体联合起来形成国际化联盟才能凝聚更多的、优质的英语教育资源，才能不断提高资源的利用率，从而提高教学的质量。

第二，学生的英语学习模式应该发生变化。中国学生的学习模式多表现为个体学习，所谓的个性学习与合作学习并没有成为学生学习模式的"座上宾"，要改变学生的学习模式，使其学习模式向着个性学习与合作学习的方向发展。

1. 由单一办学主体向国际化联盟式办学主体转变

办学模式的转变主要是指打破原来办学主体通常仅为一所大学这一模式，而转变为由多所高校合作并组建大学联盟的方式。因为慕课教学模式

俨然已经破除了高校的"围墙"。近年来，在慕课平台上出现了越来越多的线上大型公开课程项目，如edX、Coursera等，这些课程项目都是由多所高校联合开发并加以分享的。

2. 由个体学习模式向团队学习与个性学习相结合模式转变

中国各大高校可以借助慕课教学模式来革新学生的学习模式，因为利用这一教学模式，学生可以基于自己的兴趣以及自己学习的实际情况去选择学习内容，学生的学习个性得以保证。同时，利用慕课平台，来自全球各地的学习者可以聚在一起学习，这就使学生传统的个体学习模式转变为团体学习模式。中国传统英语教学想要实现学生个性化学习的目标几乎不太可能，主要是因为在传统英语教学中，教师采用的是一种集体教学的方式，所有学生接收的教学内容、方法都是一样的，教师的主要任务就是向学生讲解教材上的理论知识，学生的主要任务就是被动听讲。在课堂上，教师侃侃而谈、学生被动听讲已经成为一种常态，二者几乎并没有什么互动，这让学生无法及时表达自己的想法，因而，其个性化学习的愿望始终无法实现。慕课教学模式却能帮助学生获得其想要的学习资源，能帮助学生认识自我实际的学习情况。可以说，学生参与慕课教学活动，能充分认识自己在学习活动中的主体地位，能不断开阔自己的英语学习视野。

（二）充分发挥英语教师的作用

在英语教师管理这一层面，中国高校英语教师应该转变自己的旧思维，应该对慕课教学模式有清楚而全面的了解，同时还应该掌握各项与其实施有关的技能，最快速地将其运用在英语课堂上。多媒体教学模式已经在高校获得了应用，但是其应用比较局限，许多好的英语教学视频资源并没有在这一模式之下被引入中国高校英语课堂。高校应该积极鼓励教师借助慕课教学模式将中国各大高校优质的英语教学视频引入英语课堂，从而实现多媒体教学模式的升级，实现慕课教学模式的实施。

1. 给予教师团队支持

几乎所有教育成果的取得都需要所有人的共同努力。但对当前英语教师的工作情况进行分析，就会发现，他们中的不少人依然延续的是个人"作坊式"的工作方式，单打独斗成了他们的标志，他们没有形成与其他教师合作的意识，也几乎没有与其他教师展开交流，这导致他们的工作变得非常乏味，同时水平也不高。在慕课教学模式下，慕课平台上的学生数量非常庞大，需要批阅的作业的数量也很庞大，这让始终坚持个人"作坊"工作模式的教师无法适应。基于此，要在中国高校英语课堂上实施慕课教学模式，就需要转变英语教师的思维，需要努力提升教师的信息素养，打造一支优秀的英语教师团队。当然，不仅是英语教师之间，学校各职能部门之间也要联合起来，共同为慕课教学模式保驾护航。

2. 提高英语教师的教学水平

中国高校一直都在试图改革，改革的目的主要有两个，一个是突出学生的主体地位，另一个是从整体上提升教育教学的质量。而在实现这两个目的的过程中，教师能起到非常关键的作用，当然，这也适用于英语教学改革。英语教师是促进英语教学改革的重要力量，尤其是英语名师，他们往往有着扎实的英语专业知识，有着高尚的道德品质，有着丰富的教学经验。但如果对当前的高校英语师资队伍进行分析就会发现，中国英语名师的数量严重不足。不过，慕课教学模式很好地解决了这一问题，借助慕课平台，其他高校的名师可以将自己的课程上传到慕课平台上，这样，所有的学习者都可以直接学习这些课程，从而接受名师的"指导"。最为重要的是，在学习过程中如果遇到问题就可以在下方的评论区留言，名师看到之后就会给学生答疑。这样，慕课平台不仅是学生学习的平台，也是展示各大高校优质师资资源、教学资源的良好平台，是加强教师与学生互动的平台。

（三）提升学生自主学习能力

每一个人从出生之日起就开始学习，学习了解这个世界，学习如何在这个世界上生存。在人类生长的初期，其学习没有受到外界的过多干预，学习的压力也不大，从总体上来看，人类的学习状态是一种快乐、自由的学习状态。不过，当人类开始进入学校接受教育之后，一切都变了，学生将会直接感受到来自各方的压力，不仅能感受到家庭与学校的压力，还能感受到来自社会的压力，正是这些难以承受的巨大压力让学生逐步掉入被动学习的陷阱。慕课教学模式能在很大程度上让学生获得更大的学习自主性，从而使学生不断提升自己的自主学习能力。

1. 培养学生学习的自主性

在慕课教学模式中，教师旨在让学生的学习行为回到本源，也就是要激发学生的学习兴趣，使其可以主动地学习，并且能从学习中体会到快乐。因为要提升学生的自主学习能力，因此，对于慕课教学模式来说，它的实施是有一定条件的，这里的条件指的就是学习者必须能始终保持自律。慕课在英语教学中能发挥十分积极的作用，这不仅从其对教师授课方式的改良、对教学内容的丰富等方面表现出来，也可以从学生自主能力的提升方面体现出来。因此，在实施慕课教学模式的过程中，教师要有意识地给予学生自主学习的机会，给他们提供一个问题，让他们学会自主探究，也可以借助慕课平台与其他同学一起讨论，这样，他们的自主学习能力不仅能提高，而且其合作精神也能获得培养。

高校应该意识到慕课教学模式的重要性，应利用慕课平台为教师与学生提供大量的资源，同时不断激发学生的学习积极性，使其能从被动学习的状态中逃离出来，更加主动地进行学习。如果能够做到这一点，过去以教师为中心的英语课堂也会转变为以学生为中心的课堂，对于在校教师与学生来说，他们也能获得一个在课堂之外互动的线上平台。传统线下课堂依然是英语教学的重要阵地，但在学生信息化教育需求的刺激下，线上英语课堂教学也开始为高校所重视。因此，当前的高校，其主要任务为打造线上、线下相结合的教学模式。慕课教学模式的确促进了教育变革的进一步成功，让教育的质量与效率都有所提升，但笔者也要清醒地指出，慕课教学模式在英语教学中的实施依然存在一些问题，并不是所有学生都能通过慕课教学模式获得学习上的成功，这是因为慕课只是给学生提供了一个自主学习的平台，学生还需要依靠自己的努力取得成功，其需要具备基本的英语基础知识、信息素养等。

2. 利用多种形式的交流渠道

在学习过程中，学生难免会遇到一些问题，基于这一情况，慕课平台为学生打造了一个互动讨论区，在这个互动讨论区中，所有学生都可以提出自己的问题，其他同伴甚至教师都可以就相关问题给出答案。但笔者必须指出的是，并不是所有的问题都能得到解答。在学生提出问题之后，如果他的问题很快就能得到别人的回答，那么他就能及时地解决自己的问题，也会使其后续学习的心态发生变化，更加愿意学习。如果学生的问题没有得到别人的回复，那么他就有可能产生一些失落感，甚至对英语学习失去信心。

慕课教学模式的结束并不以视频录制的完结为标志，也不以学生在慕课平台上完成相关课程的学习为标志。其视频录制是慕课教学模式的开始，视频录制完成之后，英语教师还需要对这一视频课程进行维护，还要积极地与慕课平台上的学生展开交流。在学习讨论区中，学生彼此之间可以就某些问题进行相互的解答，当然，有些问题可能过于难，这时教师就可以参与进来，帮助学生解决问题。不少问题存在相似性或者根本就是一个问题，对于这类问题，教师可以进行总结，一次性给出问题的答案，并且置顶问题的答案，这样其他有同样疑问的学生看到答案就能豁然开朗。为了能更好地在慕课平台上帮助学生解决问题，教师在线下英语课堂上一定要注意收集学生遇到的问题，并对这些问题进行分析、整理，从而了解学生在英语学习过程中出现的问题。高校还应该重视课堂教学，教师在课堂上应该转变教学思维，多与学生互动，这样就能对学生有更多的了解。首先，教师可以组织社会实践活动，引导学生在不同的社会实践活动中直观感知英语知识；其次，教师需要借助慕课平台将线下课堂中的交流延伸到线上来，这样，教师就能全方位掌握学生的学习动态，进而更好地帮助学生制订学习计划，养成良好的学习习惯。

（四）实施全面质量管理

慕课教学模式要想长远地在英语教学中发挥作用，笔者认为就要全力提高该模式所展现出来的教育质量。因此，在实施慕课教学模式的过程中，教师应该围绕学生的实际需求进行，应该运用一切可行的手段来满足不同学生的需求。同时，不断扩大英语教育资源的范围，使教师可以获得更加丰富的教育资源，这为教学内容的丰富与教学方法的完善奠定了基础。此外，教师还应该积极吸收国外优秀的慕课教学模式实施经验，当然，并不是要盲目照搬，而是根据本国英语教学的实际情况，有选择地吸收，最终目的就是要实现慕课教学模式的本土化，实现中国高校英语教学水平的整体性提升。

1. 制订质量标准体系

若要保证慕课教学模式质量，就需要建立一个科学的课程质量标准，建立一套完善的课程质量评估体系。很显然，无论是标准还是体系，不是没有，就是并不完善。因此，笔者认为，各大高校应该行动起来，建立质量标准体系。具体来说，可以从以下两个方面入手：第一，可以从不同的方面切入，可以从授课市场与授课内容切入，也可以从授课资格等方面切入，也就是要综合制订课程质量标准体系；第二，要灵活引入不同的评价方式，最好可以与第三方评价机构展开合作，这样就能确保评价的全面性与科学性，也能使英语课程的质量有所保证。

2. 创新考核方式

在实施慕课教学模式的过程中，许多高校采用的考核方式主要有同伴互评、在线测评等。这些考核方式有其自身优势，但也带来了一些问题，比如学生作弊，这就无法保证考核结果的真实性与客观性。其实，这也是许多高校不愿意承认慕课教学模式考核结果的主要原因之一。面对这种情况，中国各大高校更应该不断完善考核方式体系，要综合考虑多方因素，保证考核方式的科学性，进而使其能为教师、学生与其他相关人员、机构所认可。

笔者认为，改善与创新考核方式可以从以下几个方面入手：第一，各大高校可以一起组织线上考试，由那些认可慕课学分的学校来组织与管理；第二，高校可以不参与学生成绩的考核，考核工作完全交给第三方。

（五）完善学历认证及评价体系

1. 完善学历认证体系

首先，慕课教学模式的组织管理者要有能力提供标准的、含金量高的学历证书，并具有远程监督等高技术能力，能够确保学习者是在独立情况下完成英语课业的。高校英语教师也可以利用英语课堂教学时间对学生已经完成的慕课课程进行提问和讨论。此外，可以采取线上授课与实地参考相结合的模式对高校内参与慕课课程的学习者进行考核。同时，还可以给有意愿获取学历认证的学习人员布置额外课业，为学习者制订多层次评鉴标准，可将其论坛讨论参与度以及互动程度皆纳入评分体系。

其次，我国相关高等教育管理部门应当提高对英语慕课教学模式的认可度，对参与慕课课程的学习者的所得学分及学历认证予以正视，并制订相关政策，促进慕课教学模式的学分制度与我国高校学分制度尽早实现对接。尽管当前大众对慕课教学模式的影响与风险认识尚存在差异，未形成统一的认识，但有些政府已经着手应对这一创新浪潮，并及时做出了回应。

最后，应当推动社会民众尤其是用人单位、企业雇主对英语慕课学历认证形成正确认知。目前，Udacity等推出的就业匹配计划都是值得我国高等学校学习和借鉴的，它们都在一定程度上增进了社会、企业对慕课的认可。用人单位也可以更直观地了解求职者在慕课教学模式中学习全过程的表现，更好地对学习者进行综合能力考察，从而实现更科学、全面的人才选拔。

2. 完善教学评价体系

形成性评价在慕课教学模式中发挥的作用十分突出。中国高等教育对慕课教学模式进行了重新定位，认为其应该是对线下课堂教学的一种补充，通常，其出现形式以混合学习为主。

与传统的英语评价方式相比，慕课教学模式实施的评价方式更加科学、多元，同时，更为重要的是，它不仅关注学生英语学习的结果，还关注学生英语学习的过程。具体来说，英语教师会对学生平时的课堂表现、作业完成情况等进行评价，综合多种评价结果，最终给学生的学习定性。慕课评价体系因为兼顾了学生的日常学习生活，因而评价结果一般都能为学生所认可与接受。正是因为如此，英语教师应该借助评价结果，改善教学计划，不断激发学生的学习兴趣。

（六）建设本校慕课平台

1. 建设在线课程平台

第一，高校要为学生打造英语课程资源体系，在打造这一课程资源体系的过程中，还要始终秉持持续性教学服务理念。高校提供的课程资源主要来源有两个：一个是对慕课平台上的资源进行资源的再加工；另一个则是将本校精品课程进行再加工。教师应以慕课教学模式为手段，在把握学生注意力与记忆规律的基础上,合理地设置教学内容。这样做,可以极大地提升学生的学习效率,让学生可以自由地开展学习活动,还能让学生始终都集中注意力,能更加高效地学习。在慕课平台上,教师与学生可以更加频繁地互动,学生也能将自己在学习过程中遇到的问题向教师请教,这样,学生就能随时获得指导。学生在慕课平台上的一举一动其实都能为教师所监控,学生的学习轨迹是为教师所掌握的,教师通过梳理学生的学习情况,能从整体上了解学生学习的情况,进而根据学生的学习情况不断完善英语慕课教学方案。

第二,教师要为学生组织多样的学习活动。课堂英语教学是基本的教学活动,在教学过程中教师可以让学生在课前预习、课中思考、课后巩固。此外,为了进一步提升学生的学习质量,教师还要拓宽活动的范围,可以利用慕课平台设置一些互动英语游戏,积极鼓励学生参与。在参与过程中,学生不仅能收获快乐,还能学习许多英语知识。

第三,高校要对学生英语知识的学习情况进行考评。学生通过慕课平台学习英语知识在很大程度上是其完成自主学习探究的表现,因而对其进行合理的评价就很重要。通过评价结果可以看出其学习能力,而且只有通过考评才能获得相关证书。

2. 构建英语课堂教学平台

首先,教师要对慕课平台上的课程知识进行必要的梳理,同时还应该把握一些知识的重难点,引导学生巩固旧知识,学习新知识。其次,对学生进行合理的提问,通过提问,教师可以在第一时间掌握学生的学习动态,进而根据学生提出的问题给出相应的答案。最后,不同的英语课程所表现出来的特点是不同的,英语教师应该对不同的英语课程进行必要分析,然后根据课程的具体特点逐步对学生的深入学习进行引导与启发。比如,教师可以引导学生在慕课平台上搜集英语资料,进一步延伸英语学习的空间。当然,学生在进行自主探究的过程中不可能一帆风顺,也会遇到问题,这时教师需要行动起来,积极地给学生提供必要的指导。

第四章　新媒体时代下的大学英语教学方法创新之翻转课堂教学

翻转课堂在教育领域中的应用，对传统教学模式进行了变革，使学生获得了更大的自由，他们可以利用微视频完成知识的学习，也能自由地在任何时间、地点进行学习。因为学生在课前已经完成了相关知识的学习，所以课堂时间就变成了学生提出问题、解决问题的时间。本章主要论述了翻转课堂教学模式及其理论基础、翻转课堂模式指导下的大学英语教学模式设计、翻转课堂模式下大学英语基础知识教学的创新、翻转课堂模式下大学英语基本技能教学的创新等内容。

第一节　翻转课堂教学模式及其理论基础

一、翻转课堂教学模式概述

（一）翻转课堂教学模式的定义

目前，对于翻转课堂的概念，学界还没有统一的定论。现在部分学者对翻转课堂的认识还较为浅显，因此为了使翻转课堂的概念变得更加丰富、有深度，我们有必要对翻转课堂的概念进行深入的探索。翻转课堂教学模式的英文是"Flipped Class Model"，直译为"反转课堂教学模式"，不过，需要说明的是，这里的"反转"是相对于传统课堂式教学模式而言的。

乔纳森·伯格曼（Jonathan Bergmann）给出了翻转课堂的定义。他认

第四章 新媒体时代下的大学英语教学方法创新之翻转课堂教学

为，理解翻转课堂可以从四个方面着手：第一，翻转课堂是一种教学手段，它使教师与学生之间的互动空间性增强了，课堂互动不再是师生互动的唯一方式。第二，翻转课堂是一种非常个性的教学环境。环境的个性化能够使学习者在学习过程中获得个性化的教育。学习者由于可以实现这种自学的个性化教育，因此就需要具有学习的积极性与主动性。第三，翻转课堂有信息技术做支撑，使学生可以根据自己的实际情况在网上进行巩固复习。对于那些因事缺席课堂的学生来说，有了弥补的机会。第四，翻转课堂是一种混合的教学模式，它是由直接讲解与建构主义学习混合而来的。[1]乔纳森·伯格曼对于翻转课堂的理解非常全面，他将翻转课堂的神秘面纱揭开了，让更多人开始了解并使用翻转课堂。这一理解是对翻转课堂教学模式做出的比较实质性的探讨，从本质上来看，翻转课堂就是一种教学手段，通过该手段，教师可以有针对性地教学，而学生也能够获得个性化的学习环境。可见，该定义的主要侧重点在翻转课堂的作用层面，与一般性的定义方式有着明显的差异。

也有一些人认为，翻转课堂就是一种教学形态，学生在上课之前先利用教师制作的数字材料进行预先学习，之后再到课堂上与教师进行互动，将自主学习过程中遇到的问题反馈给教师，从而实现教师与学生的有效互动。[2]从这里可以看出，翻转课堂是需要一定的信息技术做支撑的，也就是说，翻转课堂并不纯粹，它是在信息技术的基础上发展而来的，并受信息技术发展的影响。还需要说明的是，翻转课堂所使用的材料并不局限于以信息技术为载体的材料，即使学生在课前自主学习过程中所使用的材料是纸质材料，也不会影响翻转的效果，毕竟学习的空间位置已经调换了。

翻转课堂由英文"Flipped Classroom"翻译而来，一般也翻译成颠倒课堂、翻转教学、颠倒教室、翻转学习、反转课堂、反转教室、翻转教室等。通常学生的学习过程大体上可分为两个大的阶段：一是知识的传递，二是知识的内化吸收。这两个学习过程实际上并不存在十分严格的划分，

---

[1] 刘琦. 翻转课堂式教学[J]. 中文信息，2019（4）.
[2] 姜慧枫，李春超. 浅谈翻转课堂教学[J]. 科学大众（科学教育），2019（9）.

从总体上来看，我们能够知道，在学习知识时，首先会经历传授和感知知识的过程，然后才是知识的理解和内化过程。知识的传递和知识的内化是在不一样的地点完成的，通常在课堂上就完成了知识的传授，而在课后实践的过程中学生才能真正完成对知识的内化吸收。

若从字面意思来看，翻转课堂指的就是对课堂进行翻转。从这一角度出发，翻转课堂最基本的定义就是，在课程开始之前把原本应该在课堂上完成的知识传递过程完成，而把原本应该在课后完成的知识内化过程放在课堂上完成。而现代网络技术与翻转课堂相融合、课前需要提供给学生相关资料等，并不是翻转课堂最原始的要求，这些要求其实都是翻转课堂在发展过程中演化而来的。翻转课堂最主要的要求就是，教育者应让学生在学习方面拥有更多的自由，应该放手让学生自主探索和研究学习的意义所在。

在传统教学中，知识的传递是在课堂上通过教师的讲解实现的，而知识的内化吸收则主要是学生通过完成课下作业来实现的。但是在翻转课堂模式下，学生拥有了更多的学习自由，学生可以根据教师事先提供的视频等资料在课前完成自学过程，这样一来，在课前就能够完成知识的传递。但是这对于学生的要求便提高了，学生要确保自己能够在课前对知识进行深入的学习。知识内化过程被放在了课堂上，由于学生已经提前预习了，因此在课堂上教师主要的任务就是解决学生的疑惑，引导学生更加深入地探究问题。很多人认为翻转课堂不过就是简单的"课前传授"和"课上内化"的叠加，其实这种理解忽略了两个比较重要的点：第一，在课外要真正发生深入的学习；第二，师生对于某一观点能够擦出火花，并将问题引入更深的层次。[1]我们需要明确的是，学生通过视频在课前完成自主学习与以往的简单预习并不相同，它需要学生对知识有一个较为深入的理解，这样一来就对教师提出了更高的要求，即教师所录制的视频应该能让学生自学，且产生的效果要与课上讲授的效果相一致。同时，我们还需要清楚的是，翻转课堂与在线视频并不是一个概念，翻转课堂主要的价值体现在，它能够实现师生面对面的交流，且能产生一定的成效。

---

[1] 丁克勤，汪志宏. 翻转课堂教学研究[J]. 当代教育实践与教学研究，2019（1）.

（二）翻转课堂教学模式的特点

1. 教学视频简短精悍，具有针对性

翻转课堂中所录制的视频往往十分简短精悍，短则几分钟，长则十几分钟。每个视频都会有针对性地解决部分问题，这无疑给学生提供了极大的方便。视频时长较短能够保证学生在观看视频时集中注意力，这不仅符合学生身心发展的特征，同时也能够提高学生自学的质量和效率。这些视频是通过网络平台发布出去的，它们是可以暂停或者回放的，学习者可以对视频进行有效的控制，从而更好地进行自主学习。

2. 教学信息十分明确

教学环境在一定程度上能够影响教学质量。传统的教学录像往往会将教师的头像、教室的摆设等都录制进去，这些无疑会使学生在观看视频时分散注意力。所以，在翻转课堂教学视频中，这些干扰因素是绝对要避免的，最佳的讲解方式就是一对一地讲解，这样一来，学生在观看视频时就会感到该视频是教师专门为他拍摄的。

3. 对学习流程进行了重构

翻转课堂最为外化的一个特征便是教学流程的颠倒。通常学生的学习过程分为两个阶段：第一个阶段是"信息传递"，这种传递不单单只靠教师或学生一种角色完成，而是需要教师和学生一起努力完成；第二个阶段是"内化吸收"，该阶段需要学生在课后独立完成。需要指出的是，在第二阶段，因为是学生自己独立完成的，并没有教师与同伴的帮助，所以学生会很容易在学习过程中产生一种挫败感。

翻转课堂实际上重构了学生的学习过程。在课前学生就完成了"信息传递"，并且教师在学生进行自主学习时可以提供视频并且给予一定的帮助和指导。"吸收内化"则放在课堂上实现，这样一来，教师不仅能够对学生在学习过程中所遇到的困难有所了解，还能提供给学生相应的帮助和辅导。此外，课堂上学生与学生之间的交流和互动也非常有利于学生内化和吸收知识。

4. 重新定位了师生角色

教育和信息技术的结合、教学过程的翻转等都促使师生的角色发生了巨大的改变。在学习过程中，教师变为推动者、设计者，而学生则变成了中心、主体。虽然教师的角色发生了变化，但这并不代表弱化了教师的作用，与之相反，在翻转课堂上教师发挥着更为重要的作用，是课堂不可缺少的因素。

二、翻转课堂教学模式的理论基础

从翻转课堂的本质来看，翻转课堂的理论基础主要包含掌握学习理论、学习风格理论。

（一）掌握学习理论

1. 掌握学习理论的定义

掌握学习理论是由美国当代著名心理学家、教育家，芝加哥大学教育系教授本杰明·布卢姆（Benjamin Bloom）提出的，它是美国20世纪五六十年代教育发展的产物。掌握学习理论是指只要具备学生所需的各种学习条件，任何学生都可以完全掌握教学过程中要求他们掌握的全部学习内容。布卢姆指出：如果按规律有条不紊地进行教学，如果在学生面临学习困难的时候给予帮助，如果为学生提供了足够的时间以便掌握，如果对掌握规定了明确的标准，那么所有学生事实上都能够学得很好，大多数学生在学习能力、学习速度和进步的学习动机方面会变得十分相似。在总结前人研究的基础上，结合于自己的教育理论，布卢姆提出为"掌握而教"的思想，进而提出掌握学习理论。他认为只要让学生具备各种条件，每个学生都可以掌握所要掌握的内容。[①]

布卢姆的掌握学习理论是在卡罗尔·德韦克（Carol Dweck）学习理论的基础上发展而来的。他吸收了卡罗尔提出的学习理论中的五个变量，进一步为掌握学习理论构建出模型，并在自己的教学实践中得到印证。这五个变量包括学习时间、学习毅力、教学质量、理解教学的能力和能力倾

---

① 陈晓丽. 高校英语慕课与翻转课堂教学模式研究[M]. 北京：电子科技大学出版社，2017：62.

向。这五个变量相互影响，最终影响学生的学习效果。①

2. 掌握学习理论的核心思想

这里的核心思想表现为为掌握而教，教师教学的任务就是帮助学生找到掌握学科知识的手段，同时运用一切方法让学生掌握学科知识。教师不能固守传统的教学思想，而是应该从学生的视野出发，形成以学生为本的教学思想。

在布卢姆看来，只要教师对学生进行合理的引导，学生就能更加快速、全面地掌握专业知识，甚至还能激发其学习动机。

3. 对掌握学习理论的评价

该理论展现了一种新的教学观与学生观，对于教育教学实践来说，它的确是提供了一套新的理论。过去，学校与教师一般坚持的理论是"牺牲多数保证少数"的正态分布理论，这一理论表现为要牺牲大部分学生的学习权益，保障少部分学生的成绩。显然，这是一种片面的认识，教育应该是面向全人类的，不应该只是面向少数人。布卢姆的学习理论让学校与教师认识到传统的教学理论确实存在问题，在课堂上教师确实忽视了大部分的学生。

掌握学习理论是在美国诞生的，是一种新的教育理论，该理论并不适用于所有的课程教学，其主要适用于基础理论等具有封闭性质的课程教学，一些强调创造性的开放性课程教学并不能使用这一理论。从掌握学习理论的实施层面上来看，掌握学习理论的实施也不是一帆风顺的，而是存在一些问题的。反馈—矫正是该理论强调的重要问题，不过笔者必须要指出的是，反馈—矫正的过程是一个复杂的过程，需要耗费教师与学生大量的时间与精力。同时，它也并不能涵盖所有学生，只能对一般性学生的发展有利，对智力超常儿童的发展来说是极为不利的。当然，掌握学习理论是一种可以促进学生知识掌握与巩固的理论，但也必须要承认的是，容易让教师对那些成绩不好的学生的能力予以忽视。

---

① 欧阳魏娜，侯飞亚，刘子涵. 大学外语教学中的慕课和翻转课堂研究[M]. 西安：世界图书出版西安有限公司，2018：66.

(二)学习风格理论

1. 学习风格的定义及影响因素

学习风格理论最早由美国学者哈伯特·塞伦（Herbert Thelen）提出，至今学术界未做出一致的定义。学习风格是学习者所偏爱的一种学习方式，它说明学习者在解决相关问题的过程中会表现出稳定的具有个人色彩的特点。研究学习风格可以为我们探索学习者的差异性提供价值。

每个学习者经过长时间的学习一般都会形成自己的学习风格，且学习风格会受到不同因素的影响，不仅会受到学校环境的影响，还会受到家庭环境与社会环境等的影响。因此，认识学生的学习风格并不容易，应该对这些影响因素进行分析，才能更加全面地把握学习者学习风格这一问题。

2. 学习风格理论的分类

可以将学习风格理论分为两部分：一部分为感知学习理论；另一部分为认知风格理论。前者指的是学习者依靠自己的感官系统进行学习的理论，基于此，学习者就有了视觉型的学习者、听觉型的学习者和触觉型的学习者的差异。

依据个体受环境影响的程度，可以对认知型学习理论进行划分，可将其分为场依存型学习风格理论与场独立型学习风格理论两种。在场依存型学习风格理论的指导下，学习者的学习活动一般与其周围环境是紧密相关的，几乎不能分开；同时，学习者还非常愿意与其他伙伴进行协作活动。在场独立型学习风格理论的指导下，学习者具有对整体进行细化的能力，会对知识进行分类，从而可以更好地学习，更为重要的是，这类学习者在学习过程中是不会受到外界环境影响的。

学习风格理论表明，不同的学习者拥有的学习风格是不同的。但从实际情况来看，教师的教学风格在很大程度上是很难与学生的学习风格达成一致的，因此在实际教学中，教师应该多变化教学风格，从而使学生可以找到一种与自己的学习风格相适应的教学风格。

3. 学习金字塔理论

"学习金字塔"最先由美国学者埃德加·戴尔（Edgar Dale）于1946年提出。他以语言学习为例，在学生初次学习两个星期之后，发现不同的学习方式会导致不同的学习结果。具体来说，从塔尖到塔基分别为：通过阅读可以记住10%的内容；通过听教师讲课，可以记住20%；通过看图可以记住30%；观看展示、影像等可以记住50%；通过与同伴讨论并发表自己的观点可以记住70%；给别人讲解自己的理解和参与实验、动手做实验可以记住90%。他认为30%以下的为被动的学习，50%以上的为主动的学习。①

美国缅因州贝瑟尔国家培训实验室也做过与上述实验相似的研究，并根据研究成果提出了学习金字塔理论。该实验结果与埃德加·戴尔的实验结果存在许多共性，最大的差异表现在阅读与听讲的顺序发生了明显的改变。实验结果表明，相比听讲的学习方式，阅读反而能让人们记住更多的知识，而且经过大量的实践验证，美国缅因州贝瑟尔国家培训实验室得出的结果其实与人们实际的学习活动相类似。

通过学习金字塔理论，可以得出这样的结果：第一，教师在教学中采用不同的教学方法会产生不同的教学效果与学习效果；第二，教师可以根据教学内容合理地选择不同的教学方法，引导学生选择合适的学习方式；第三，如果依然让教师讲、学生听，那么学生学习的效果就无法获得保证，甚至学生还可能失去学习的兴趣，因此在教学中，教师应该多鼓励学生，让学生能亲身参与各种实践活动，并在实践中与其他同伴展开合作。

第二节　翻转课堂模式指导下的大学英语教学模式设计

一、翻转课堂模式指导下的大学英语教学模式设计的要素

教学设计与教学系统中的许多要素有关，不仅与教学目标、教学内容有关，还与教学结构、教学方法与教学评价等有关。正是因为教学设计需要考

---

① 欧阳魏娜，侯飞亚，刘子涵. 大学外语教学中的慕课和翻转课堂研究[M]. 西安：世界图书出版西安有限公司，2018：69.

虑多方面的要素，教学设计这项工作才变得更加困难。翻转课堂模式指导下的大学英语教学模式设计与一般的教学模式设计是不同的，这主要表现为翻转课堂可以对教学结构进行颠覆，学习者成为教学的中心等。

（一）学习者设计

教学设计的最终目的是明确的，那就是要实现学习者高效的学习。而且，学生在教学与学习中都居于中心地位，因此要保证课堂教学的效果就必须对学习者进行必要的分析。也就是说，在开展教学活动时，教师的所有行为都应该以学生为基本的出发点。在翻转课堂上，学生的个性被有效地激发出来，因此对学生进行分析将能有效地促进个性化教学目标的实现。要对学习者进行分析，可以从许多方面入手，不仅可以从学习的认知能力与认知结构入手，也可以从学习者的学习态度与学习动机入手。不过，笔者需要指出的是，在课堂上，教师无法在短时间内对学生进行全面的分析，教师只能依靠自己的经验对学生进行初步判断，然后有针对性地选择教学策略。

在进行英语翻转课堂教学之前，教师需要事先给学生布置学习任务，使其在课前就完成对相关知识的学习。到了课上，学生可以把自己在课前学习过程中遇到的问题提出来，教师可根据问题提供答案。同时，在课堂上，教师还要对学生进行分组，组织合作学习活动，让学生在共同的问题探究活动中不断提升自己的认知能力，可以从不同的角度对问题有不同的认知与理解。此外，教师应该对学生的学习动机有准确的把握与认识，从而从学生的学习动机出发去构建更加完善的翻转课堂。

翻转课堂的实施并不容易，需要教师与学生的共同努力。教师不仅要具备信息素养，还要具备扎实的专业知识。而学生不仅要端正自己的学习态度，还要具备一些综合能力；不仅具备信息技术能力，还要具备自主学习能力。

（二）学习内容设计

一般还可以将学习内容称为教学内容。根据不同的标准可以对教学内容进行不同的划分，根据知识总量的多少，可以将教学内容划分为不同的层次，如果内容少可以将其理解为一个知识点或一节课，如果内容多可以将其理解为一个单元或一门课程。在讲解知识点时，教师一般会按照课程标准进行，同时还会适当考虑学生的认知水平。教师还会对教材进行全面的分析，然后梳理出教材的知识结构，并依据合理的知识逻辑结构开展教学活动。翻转课堂改变了传统英语教学的顺序，将学生对知识的学习放在了课前，英语教师在课堂上将会有更多的与学生互动的时间。当然，对于教师来说，翻转课堂可以在一定程度上减轻其教学的压力，但他们更要对教材知识进行全面而深刻的分析。这是因为学生的自主学习在翻转课堂中的比例比较高，如果教师无法对教材知识进行深入分析、总结，那么其给学生布置的课前任务可能就无法涵盖学生需要掌握的知识点，进而对英语翻转课堂教学的整体效果产生影响。在对教学内容进行分析时，应该遵循"拆分—整合"的逻辑顺序。这里的拆分指的就是教师对课程、单元知识进行合理的拆解、细化，对其进行必要的分类，这样，不同的知识点之间的逻辑关系就显现出来了。之后教师要做的就是对这些知识点进行合理的区分，明确哪些知识点需要被置入视频中让学生在课前掌握，哪些知识点需要放在课上集中进行讲解。所有的知识点被拆解之后还会形成一个完整的体系，这样的体系其实也反映着知识点的"整合"结果。微视频的录制并没有一个唯一的知识逻辑，教师可以以专题的形式进行录制，可以以教材知识点的逻辑顺序进行录制，当然也可以将知识点隐藏在不同的教学项目中。

（三）学习目标设计

教学目标与教学设计之间有着紧密的联系，前者是后者的出发点与归宿。由于教学目标是提前就确立好的，因此教学活动是需要围绕着教学目标进行的，可见，教学目标具有导向功能，能指引教学活动的方向。翻转课堂中的学习包括两部分：一部分为课前知识传递；另一部分为课堂知识内化。在第一阶段，教师主要是让学生对一些基础知识点进行理解与掌握，这一阶段的学习并不深入。第二阶段为课堂知识内化阶段，在这一阶段，学生有了一定的知识基础，对于课堂上讲解的一些比较难的知识点也能有不错的理解。更为重要的是，在课堂上，教师可以积极引导学生，使其能主动思考问题，与他人展开合作，这样，学生的思维能力也能获得不错的培养。通过翻转课堂教学的两大阶段，可以对翻转课堂目标进行设计，对于不同环节中的目标，教师与学生都应该积极对待。

（四）学习资源设计

学习资源是学生开展英语学习活动的基础，没有了学习资源，所谓的英语学习也就没有了骨架。因此，在英语教学中，教师应该加强学习资源设计，积极为学生挖掘大量优质的学习资源，使其借助不同的学习资源开阔学习视野，强化学习效果。根据不同的标准，学习资源有不同的分类，根据学习资源的组织与呈现形式，可以将学习资源分为文本资源、图画资源与视频资源等。根据学习资源的来源，可以将学习资源分为原创资源、引用资源及生成资源。教师基于自己的教学经验，对学生的需求进行分析，然后自行开发的资源就是原创资源；教师借鉴的别人的教学资料就是引用资源；教师在实际教学过程中产生的资源就是生成资源。

二、翻转课堂模式指导下的大学英语教学活动过程设计

（一）活动设计宗旨突出

英语翻转课堂教学要注重学生自主学习、充分展示的要求，因此活动设计形式既要克服实施中所面临的问题，又要做到和而不同。

在课前准备阶段，学生可以独自进行资料的搜集，也可以几个人一个小组共同合作，小组形式能保证资料搜集的全面性与高效性。课中，学生需要展示资料搜集的结果，这时就可以采取小组的形式进行，每一个小组的人数一般控制在4~6人。笔者还需要指出的是，教师在进行分组时不能过于依靠自己的主观性，而是应该从学生存在的实际差异出发，遵循学习最优化原则，从而保证同一个小组成员之间是有着学习水平差异的，这样他们之间就能完成学习上的互补。当小组确立完毕之后，所有人应该推选一个小组长，小组长负责材料整合、小组问题总结等，同时还要负责给每位成员分配任务。自主学习的目标并不容易出现，需要耗费学生大量的时间与精力。为了保证自主学习的效果，教师可以选择寒暑假期实施自主学习模式，因为在假期内学生的时间充沛，他们能集中注意力完成自主学习探究活动。

（二）课前准备要求明确

在翻转课堂上，学生的学习自由度很高，尤其是在课前，几乎都是靠学生自己完成学习的。因此，在课前，教师要给学生明确本次课的任务，使其在课前充分利用自己的自由时间完成对相关知识的学习。

首先，教师要将本次任务的情感目标告知学生，使其能在课前预习过程中始终保持平稳的情绪，不急不躁。

其次，在课前，教师应该为学生准备形式多样的学习资料，这里的学习资料主要指的是参考书籍、电子课件，也可以指微视频教材、学习网站的视频等。因为资料过于丰富，不利于学生的学习，因此教师还要对这些丰富的资料进行分析、整理，从而获得一个高效的视频资源，并将其上传到网络学习平台，学生可以自行下载观看。学生需要结合教师布置的任务观看视频，这样，在视频观看完毕之后，学生差不多也就完成了任务。但应该指出的是，学生在完成自主学习任务的过程中肯定也会遇到一些棘手的问题，教师必须对这一情况予以重视，及时与学生沟通，了解其在完成任务过程中存在的困难，并帮助学生一起解决。

最后，学生要对教师布置的任务有清楚的了解，同时还要对教师提供的学习资源有全面的认识，要认真分析资源，同时要学会充分利用资源。在利用资源的过程中如果遇到问题就及时记录下来，到课上学生就能向教师提问。

（三）课中学生自我展现充分

首先，学生在课前完成相关知识的学习之后就需要在课堂上展示自己的学习效果，展示的方式是多种多样的，可以采用图片、问卷的形式，也可以采用视频的形式。当然，为了进一步突出效果，使自我学习成果展示更加出彩，学生也可以综合采用不同的形式。

其次，经过与其他同伴的交流，经过接受教师的指导，学生对本节课知识点的认知将达到另一个高度，甚至能完成知识的内化。在这一过程中，学生的主体作用将能实现最大限度的发挥，同时学生的积极性也能得以激发。更为重要的是，在教师的指导下，学生分析、解决问题的能力也会有所提高。

最后，学生协作学习培养学生与人交往、与团队合作的能力，是翻转课堂倡导的重要自主学习方式。学生根据教师布置的任务，以小组合作的方式共同探究学习，在成果展示环节派出代表进行总结发言，展示学习成果。

（四）课后升华验收成果

课前搜集资料是学生知识经验的储备阶段，课上小组讨论交流是学生知识感悟的内化阶段。而英语翻转课堂不可避免地也会以作业的形式帮助教师验收教学成果。课堂上，学生将自己的英语学习成果展示出来，教师再对学生展示的内容进行综合评价。

第三节 翻转课堂模式下大学英语基础知识教学的创新

一、翻转课堂模式下大学英语语法教学的创新

（一）翻转课堂模式下大学英语语法教学创新的意义

1. 提高语言应用能力

在传统语法课堂教学中，教师更注重语法知识的讲解、规则的记忆和句型的反复练习，课后再布置大量的习题进行巩固，缺少对学生语言应用能力的培养，因此学生并不会真正地运用语言。如果学生无法准确无误地运用所学的语法知识，那么他们在写作时就会出现各种或大或小的错误，如主谓语不一致或者时态混乱等。但是，在实施翻转课堂后，由于学生在课前自学的语法知识可以在课中得到运用，因此就内化了语法知识，使得语法知识真正变为学生的语言运用工具。

2. 增强自主学习能力

在课前，学生通过观看教学微视频独立完成语法知识的学习。在课中，学习小组在教师的指导下通过合作探究的方式完成相关语法知识的学习任务。在这个过程中，学生要灵活运用课前所学的语法知识，充分发挥自身的自主学习能力。可见，无论是课前还是课中，学生所有的学习活动都体现了自身的学习状态和学习愿望。可以说，翻转课堂满足了学生的个

性化学习需求，能够充分体现出学生的主体地位，是学生增强自主学习能力的良好契机。

（二）翻转课堂模式下大学英语语法教学创新的方法

将翻转课堂模式用于大学英语语法教学，主要包括以下六个环节：

1. 教师课前准备

教师根据语法教学目标来设计课前和课中的学习材料，其中的主要部分是微视频，这样是为了提高学生学习的主观能动性。教师根据学生的完成情况和提出来的疑难问题，设计相应的教学课件。

2. 学生课前学习

教师在进行新单元的知识讲解之前，可以让学生利用课下时间提前观看教学视频，然后在观看视频的过程中依据教师为其制订的学习任务单来完成学习任务。对于在这一过程中产生的问题，学生需要做好详细记录。到了课上，教师与其他同伴将会帮助其答疑。

3. 教师与学生课前互动

学生可以将在课前学习阶段中遇到的困惑放在师生交流群中讨论，教师要对讨论的情况进行观察，对讨论的过程进行监督指导。讨论结束后，教师收集学生仍然存在的问题，并据此调整课堂教学内容。

4. 学生课堂检测

由于学生已经在课前进行了语法知识的学习，因此只需要在课堂抽出3~5分钟的时间用于检测。课堂检测不仅能进一步了解学生的掌握情况，还能帮助学生归纳、总结所掌握的语法知识，为小组活动的顺利进行奠定基础。

5. 学生知识内化

学生主要通过小组活动的方式进行知识的内化。每个小组的人数为4~6人，每个小组选派1个组长、1个汇报发言人、1个记录员，组长一般由英语基础较好、有领导能力的学生担任，督促小组成员积极参与学习和讨论，尽量为小组内的每一个成员都分配适当的角色和任务，这样可以提高小组成员参与讨论的积极性，从而避免小组讨论流于形式。分组的原则是"组间同质、组内异质"。在小组成员的英语能力互不相同的情况下，同伴间可以取长补短，实现"以强带弱、以弱促强"的目的。

6. 学生知识巩固

在小组讨论结束后，每个小组选派一名学生发言总结，最后教师做点评。点评结束后，教师对本节课所涉及的语法知识及学生遇到的问题进行总结，旨在巩固学生习得的语法知识，并加深其对语法知识的记忆。

二、翻转课堂模式下大学英语词汇教学的创新

（一）翻转课堂模式下大学英语词汇教学创新的意义

1. 提高了课堂效率

建构主义理论作为翻转课堂的理论依据，认为学生是学习和建构知识的主体，教师在这一过程中起着引导作用。传统词汇教学注重词汇的发音、构成和词性，教学的基本过程是"领读单词、翻译单词、造句"，词汇的搭配和例句时代感不强，教学方法比较单一、机械，教学过程枯燥乏味，学生没有任何兴趣可言。翻转课堂要求教师把知识的讲解和激发学生的兴趣有机结合。一方面，教师可以准备更加丰富多彩的词汇教学资源，有利于吸引学生的注意力；另一方面，教师可以利用信息技术使教学资源的呈现方式更加有趣，如和图片、视频、动画等结合起来。与此同时，教师利用"最近发展区"理论解决学生的词汇能力发展问题，这样就大大提高了词汇教学效率。

2. 增加了学生的兴趣

传统的词汇教学模式过分强调词汇的输入，忽视对学生口语和写作等语言输出能力的培养，教师主要为学生获取信息、利用资源提供必要的支持。基于信息技术发展的翻转课堂，使学生在课前通过自学掌握词汇知识，然后在课中通过与师生讨论以及语言运用活动来内化词汇知识。可见，翻转课堂更加注重的是学生的语言输出能力。随着学生语言输出能力的提高，他们运用英语进行日常交际的信心就增加了，从而增加了学习英语的兴趣。教师也可以通过词汇抢答游戏和PK比赛等来检测学生的课前学习情况，这帮助学生记忆了词汇知识，从而既避免了学生"浑水摸鱼"又

活跃了课堂气氛,提高了学生的学习兴趣。

(二)翻转课堂模式下大学英语词汇教学创新的方法

1. 科学安排教学顺序

在翻转课堂模式下的词汇教学中,教学顺序涉及课前教学顺序和课中教学顺序。

在课前,学生主要是吸收词汇,教学顺序可以进行如下安排:

(1)呈现单元主题,告知学生学习目标。

(2)围绕单元主题创设情境,提出问题,呈现单元词汇。

(3)在完成词汇释义之后,介绍相关句型,对句型进行释义。

(4)交代词汇和句型的应用情景,给出具体事例,帮助学生领会知识。

(5)最后总结知识要点,帮助学生形成完整的知识框架。

在课中,教师主要是引导学生进行知识内化,因此教学顺序可以进行如下安排:

(1)让学生展示自己的学习成果。

(2)对学生遇到的困难进行答疑解惑。

(3)让学生通过合作探究进行知识拓展。

(4)引导学生总结所学知识,综合评价学生的课堂表现。

2. 精心设计教学程序

基于翻转课堂的词汇教学由课前自主学习、课中面对面学习以及课后学习三个阶段组成。

(1)课前自主学习阶段。在课前,教师要根据各单元的词汇教学目标来安排教学资源,包括微视频、导学案、学习自测卡和练习等不同类型的学习素材,其中的关键资源是微视频。然后,教师向学生公布每一单元的词汇学习目标,让学生通过微视频学习每一单元的核心词汇,并完成配套练习。学生在学习微视频时,可以根据自己的理解程度,自由决定观看的次数,并在需要的时候向教师和同学请教。在自主学习结束之后,学生将学习问题反馈给组长,组长综合所有问题后传达给教师,这样,教师就及时了解了学生自学的情况,并在课堂上进行针对性的讲解。

（2）课中面对面学习阶段。在课中，教师主要负责组织课堂活动并引导学生交流，在学生的交流过程中进行个性化指导，完成答疑并布置作业，帮助学生完成知识的内化。本阶段可以分为以下几个程序：

①自主学习情况反馈。在课上，自主学习情况反馈的办法主要是教师对学生的学习成果进行考核，考核方法是由教师考核小组组长、组长考核成员。教师还对这种考核设置某种激励机制，以激发学生的学习动机。

②答疑解惑。在这个过程中，教师根据不同的教学主题，灵活地采用提问、游戏、练习等形式，帮助学生回忆所学的词汇知识重难点，并且对学生课前学习遇到的问题进行答疑解惑。

③合作探究。小组成员就某个问题或者学习任务展开讨论，教师对这一过程进行指导，以此实现小组成员对知识的延伸。

④总结评价。教师要帮助学生梳理课程的知识脉络，总结学生的课堂表现，对其进行整体评价。评价要以激励为主，注重多元化和公平性，帮助学生进行反思。

（3）课后学习阶段。在课后，学生完成教师布置的词汇练习，词汇练习可以来自课后习题，也可以来自其他渠道，也可以是教师自己制作的。教师要及时评价学生的作业情况，帮助学生更好地巩固知识。

第四节　翻转课堂模式下大学英语基本技能教学的创新

一、翻转课堂模式下大学英语口语教学的创新

（一）翻转课堂模式下大学英语口语教学创新的意义

1. 翻转课堂创造出良好的英语环境

英语口语训练应该着眼于两个重点，一个是进行大量的练习，另一个则是保证正确的发音。口语学习没有捷径，就是要进行大量的口语练习，当量上去之后，自然而然地所谓的质变也就形成了。当质变出现之后，学生的口语水平也能明显提升。翻转课堂让学生获得了一个不错的锻炼口语

的平台与空间,在这个平台上,学生可以与那些英语口语水平高的人自由交流,久而久之,其英语口语水平也会有一个显著的提高。

2. 翻转课堂实现学习时间和空间的延伸

传统的英语口语课教学课时有限,往往会让教师感到无力调动起学生用英语交流讨论的积极性。学生想用英语表达但苦于课时太短,很多教师刚刚教授过的语言知识在头脑中还处于支离破碎的状态,没有很好地被吸收内化,语言输入的环节没有得到强化,还不能完全正确输出,或者还没有机会输出就下课了。

在翻转课堂上,教师讲授时间减少,留给学生更多的学习活动时间和互动时间,教师只进行本课重难点的讲解,节约了大量课堂时间,使得每一位学生都能得到练习机会,上课时能更好地完成课堂教学任务。在翻转课堂上,教学容量大,节奏加快,效率更高,与传统教学方式相比,实现了学习时间和空间上的延伸。

(二)翻转课堂模式下大学英语口语教学创新的方法

1. 课前任务

(1)教师任务。教师集体备课制作导学案,明确本次课的教学内容、教学目标、重难点、练习方法等,然后由教师录制微视频。

(2)学生任务。在课前,学生需要登录在线平台,对导学案进行细致的浏览,同时还要仔细地观看教学视频。在观看视频的过程中,如果遇到一些不懂的问题,学生可立即停止;观看完视频之后就可以点击视频后面附带的课前练习题,完成练习。这些练习题有助于学生知识的巩固,也有助于其口语水平的提高。

(3)在线交流。学生在完成自主练习后上传音频到在线平台,也可下载同学的练习音频供借鉴。

2. 探究解决办法

教师需要对学生分组,让学生以小组的形式开展学习探究活动。学生可以将自己在课前学习中的学习心得分享给其他同学,也可以将自己的口语训练方法分享给其他同学。在学生进行自主学习探究的过程中,教师不应该置身事外,而是应该积极地参与学生的探究活动,尤其是当学生遇到问题时，教师要主动地引导。

3. 成果展示

教师组织学生就课前练习的话题开展形式多样的课堂展示活动，如问答、演讲、看图说话、复述故事、二人情景对话、分组讨论、多人角色扮演等，保持学生对话题的新鲜感和参与的欲望。

4. 巩固或拓展

在课上，教师应设置有差别的巩固性练习。学生自主选择题目。基础较差的学生可选择基础型习题，解决"温饱问题"；水平较高的学生则可选择拓展性练习，向"小康"奋斗。

5. 评价与反馈

当小组完成自主学习探究活动之后，学生需要对自己的表现进行自我评价，同时教师还要对整个小组、小组成员进行评价。对于一些表现比较突出的学生，教师要表扬他们；对于存在不足的学生，教师要指出他们的不足，并且给出一定的解决建议。这里的评价与反馈并不只是出现在教学的末尾，它还应该被贯穿于教学的每一个环节中。

二、翻转课堂模式下大学英语听力教学的创新

（一）翻转课堂模式下大学英语听力教学创新的意义

1. 提高学生的综合能力

英语听力教学并不只是着眼于学生的英语基础技能培养，而是更加重视学生综合能力的培养；不仅重视学生思辨能力与实践能力的培养，而且重视学生自主学习能力的培养。翻转课堂教学模式对听力教学进行了重大革新，原本主要以"填鸭式"教学为主的听力教学变得多姿多彩，自主学习模式、师生互动模式等都已经在英语听力教学中"大展拳脚"。翻转课堂教学模式让学生的自主性提高了，其他能力素质也有了明显的提高。

2. 激发学生学习的积极性

当翻转课堂教学模式被应用在英语听力教学中，传统枯燥的听力教学情况将不复存在，更为重要的是，学生的积极性被极大地激发了出来。翻转课

堂突破了时空的局限,因此学生可以根据自己的实际情况选择学习的时间与地点,这样,学生在英语学习上就有了更大的自由,其自主学习能力也能有所提高。借助互联网平台,学生还能从教师提供的多样的听力材料中吸收更多英语语言知识,自己的学习视野在听力学习中也得以开阔。

(二)翻转课堂模式下大学英语听力教学创新的方法

1. 充分利用TED资源

TED(Technology Entertainment Design)是美国的一家私有非营利性机构,宗旨是"用思想的力量来改变世界"。TED演讲的领域已从最初的技术、娱乐、设计三个领域扩展到了各行各业,演讲者涉及科学家、哲学家、艺术家、探险家、心理学家、语言学家、慈善家等。每年3月,TED大会在美国召集众多科学、教育、商业、环保、设计、文学、音乐等领域的杰出人物,分享他们关于技术、社会、人的思考和探索。TED官网(www.ted.com)的可及性、思想性、广度及深度保证了翻转课堂的实践。

第一,提供了大量的真实语言材料,这与传统的音频大相径庭。学生平时上课接触的语言材料大多是请母语者在录音棚里录制而成,尽管保证了语音的纯正,但是改变了交际的真实环境。

第二,演讲主题包罗万象,与"语言学习就是一部百科全书"的观点不谋而合,确保了语言输入的广度。

第三,演讲者均为讲授领域的佼佼者,传达的信息性和思想性都很前沿,有助于提高英语专业学生的思辨性。

第四,TED官网上发布的演讲视频一般都在15分钟左右,短的10分钟以内,长的20分钟。这与当下翻转课堂教学视频的时间吻合。

第五,演讲者来自世界各地,各种口音及真实的情境交际可以让学生真真切切地领悟眼神、手势、面部表情、语速、声音、重音、停顿等传达的副语言及文化信息。

第六,TED官网提供的视频均无字幕,但在视频下面有一个独立的互动文稿,并同步显示演讲者的话语。这种技术支持使得学生可选择听的方式,如视频、视频+字幕、先视频再字幕后视频。

第七,TED官网的可及性使得听什么、何时听、如何听成为现实。学生实现了制定目标、选择内容、控制学习进度的自控式学习。

TED视频最大的优点在于提供给学生纯正的、未加工的英语交际情境，通过语言形式、思想内容、技术支持保证听力翻转课堂的运行。

2. 建立多元化考核机制

在课程评价体系的部分，翻转课堂教学模式将学生专业技能和综合素质的全面发展作为重点，不再单纯看一次考试成绩，而是加入过程的考核。过去传统的以期末终结评价检验学生学习效果的考核机制，因为影响成绩的因素太多并不能充分显示学生的学习成果，有许多弊端。新的教学模式建立由教师评价学生、学生自评、小组成员互评、小组互评和组间互评等方式构成的多元评价考核机制，强调过程性评价与总结性评价相结合，让学生从被评价的对象变成评价的人，让教师不再是唯一的评价者。

3. 合理设计听力翻转课堂的教学结构

教师在课前提前将视频或音频材料发给同学们，让学生可以提前预习和课后复习。在课堂上，教师将学习的重点放在对听力技能技巧的点拨、背景知识的拓宽和重难点的突破上，让更多的学生提出自己的疑惑，教授解决这一类型的方法，而不是单纯地针对某一题。课堂形式也由过去的讲授式变为讨论式等。

教师要学会利用身边的资源，可以用教材自带的资料，也可以由教师自己录制或者使用网络上、市场上、身边其他教师制作的音频或者视频。比如，新的单元中出现的生字词、短语、功能句的读音和解释，不同模块的背景知识，都可以通过已有的视频或音频资料进行自主学习，节省课堂时间，提升学习效率。

教学不再局限于书本内容，结合丰富多彩的网络世界，组成有趣也有用的课堂学习。书本内容提供的英语材料有限，且比较枯燥乏味，照本宣读只会阻碍学生有效的语言输出，导致学生失去对学习的兴趣。网络上大量的视频和音频资源为学生听力的提升打开一个新的世界，可以不断地强化训练。常见的资源有名牌大学的公开课、TED演讲、沪江英语、普特英语听力网、微博、微信等，教师在教学中可以合理利用这些资源，并告知学生资源的来源地，让有余力的学生再去进行相关的学习。

教师利用网络的资源时，还可以因材施教。学生水平不同，对学习的理解程度不同。教师进行教学时，面对初级的学生要求其听懂主题和大意就行，了解听力的逻辑；面对高级的学生，要求学生去查找有关演讲人的介绍、主题的背景知识、主题的详细内容、文化信息等，再回到课堂进行讨论和交流。这样对不同的学生掌握的知识可以有一个大概的层级认知，让学生成为自己学习的主人，自主掌握学习进度，提高课堂的参与度，增强学习的兴趣，达到更好的学习效果。

第五章　新媒体时代下的大学英语教学方法创新之移动技术支持的语言学习

移动技术涉及手机、平板电脑、笔记本电脑以及手持设备等，其能够显著地提升学生的学习效率。基于移动技术的学习便称为移动学习，本章首先分析了移动语言学习的相关基础性知识，其次进一步论述了基于微信、微博移动技术支持的大学英语混合式教学实践，最后探讨了移动技术支持的大学英语混合式教学形成性评价的相关内容。

第一节　移动语言学习

一、移动学习的定义

目前人们对移动学习的理解主要包含以下四个范畴。

第一，以技术为中心：在这一范畴下，移动学习被视为使用诸如个人数字助理（PDA）、移动电话、平板电脑之类的移动设备进行的学习。

第二，与电子学习的关系：这一范畴将移动学习视作电子学习的延伸。

第三，正规课堂教育的扩充：正规教育的特点是面对面教学或陈规讲座，这在早期被称为"传统教学"。远程教育的各种形式被认为是正规课堂教育的扩充。

第四，以学习者为中心：移动学习的概念关注的是学生或学习者的移动性，因此移动学习可以定义为学习者不在事先预定的固定地点进行的任何学习，或学习者利用移动技术提供的学习机会所进行的学习。

通过上述分析可知，移动学习的定义应包含以下几个方面：

第一，基于小巧便携移动设备的电子学习：这种设备非常适合电子学习。伴随着无线技术或其他技术的发展，移动设备具备了创建虚拟学习环境的潜能，从而取代了静态的电脑桌面技术。

第二，非正规、个性化和情境化的移动学习：学习采用的技术是非正式的，更个性化的，并且适合个人需求的。例如，在移动学习的帮助下，位置意识或视频捕捉都可用于提供教育实践，否则教育实践会变得很困难甚至根本不可能。

第三，技术驱动的移动学习：依靠技术或设备实施的移动学习都归于这一类。

第四，相互联系的课堂学习：不同课堂上发生的学习都可以利用移动技术来实现相互联系，比如借助交互式电子白板实施相互联系。

第五，为训练或表现提供移动式支持：在移动技术的帮助下，可以随时随地接收信息，使移动学习变得很容易获得，也更容易为学习者的表现提供支持。

第六，移动学习的长远发展：用于促进移动学习的技术使信息和教育的传递变得方便、可行，而传统的电子学习技术很难做到这一点。

综上所述，我们可以认为移动学习的定义应该包含一系列特征：它是自然发生的、个性化的、非正式的、真实的、情境化的、有前后联系且便携的、无处不在的（任何地方都可以进行）和渗透的（与日常活动交织在一起，很难察觉）。它将我们的注意力吸引到移动性上，人们不仅仅是关注可移动这一特性，而且也关注移动带来的效果，这种效果应该包含对学习者的时间和地界跨越的重新划分。

作为一种教育活动，移动学习只有在所用技术具有充分移动性和技术使用者在学习时也具有移动性的情况下才具有意义。这一观点突出了学习的移动性和"移动学习"这一术语的意义。对移动学习进行定义或概括时，着重强调学习者的移动性和学习的移动性，以及学习者基于移动设备的学习经历。因此，"移动学习"这一定义包含两部分内容：一部分为"移动"，指技术在物理环境中或学习者在教学机构的学习活动中所起的作用；另一部分为"学习"，指学习过程中的各种活动，即学习者利用技术实施的学习行为。同时也可以指学习者在利用移动技术于移动学习时，对自身所具有的高度移动性的态度。

学者在对移动学习的定义上之所以没有达成共识，部分原因是这一领域正经历着快速的发展，而另一部分原因则是"移动"这一概念的模糊性——它到底跟移动技术有关，还是更关注于学习者的移动性？事实上两方面都很重要，学习内容的移动性也不容忽视。移动性不仅要从空间移动性这一视角来理解，同时也要关注这种空间移动性实现时间位移和地界跨越的方式。

未来当技术成为我们周围环境不可或缺的组成部分时，可以预见我们将不用再携带移动设备。即使在现在，为了完成学习任务的不同部分，学习者也是有时使用台式电脑，有时使用移动设备，有时甚至使用公众场所的触摸屏显示器。总的来说，移动学习将我们的注意力吸引到移动性上，不仅仅关注"移动"的事实，而且也关注"移动"的效果。有了合适的技术，移动学习者就能够参与到与不断变化的位置直接相关的活动中。

二、移动语言学习的内涵

"移动语言学习"（mobile-assisted language learning，MALL）这一概念是移动学习和计算机辅助语言学习（CALL）的结合体。移动语言学习关注的主要是移动技术在语言学习中的使用，因此以上所述有关移动学习的概念也适用于移动语言学习。学生不一定非得在教室里习得外语，他们只要想学习，就可以随时随地利用移动设备进行学习。由于许多社区都视英语学习为职业成功的主要因素和受教育的标准，因此为人们学习英语提供更方便的环境是教育战略的目标之一，旨在提高学生的成就并支持其学习需求。

三、移动语言学习的学习体系

（一）学习体系

学习体系有四个典型类型，即传统学习、指导性学习、电子学习和移动学习。这些学习类型是排他的、非重叠的。它们的关系如图5-1所示。

```
                        学习系统
        ┌──────────┬──────┴──────┬──────────┐
     传统学习    指导性学习    电子学习    移动学习
```

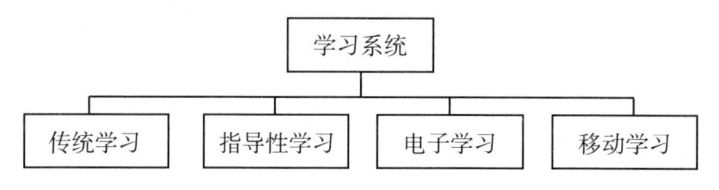

图5-1 学习系统的类型

（1）传统学习。传统学习强调的是面对面的学习，要求学习者到达指定地点，亲自到教室上课。在这种学习体系下，学生之间通常可以较好地交流，相互学习，建立知识共享。相比虚拟教学模式，面对面教学的形式能更好地传递授课者的思想和情绪等。传统学习也能给学生更多面见教师并与教师直接讨论的机会。

（2）指导性学习。指导性学习能为学习者提供一对多的教学环境、不受时间和空间限制的学习、不同类型的知识来源、开放的学习系统、多媒体形式的信息传递、合作学习、大量学习材料的存储和快速获取。例如，学习者借助远程教育可以登录网站并获取学习资源，减少了亲临课堂的需求。

（3）电子学习。电子学习的目标人群是那些无法参加传统学习的学习者，他们不需要亲临课堂，也不受时间和空间的限制。这种教育模式通常基于互联网或校园局域网，以虚拟环境支持。这种学习系统更具灵活性，具有将文本、图片、动画、音频、视频整合成一体化多媒体教学材料的功能。因此，电子学习是混合式学习模式，它既包括电子课堂，也包括面对面交流。

（4）移动学习。移动学习是以移动技术和无线技术为辅助工具的学习形式，能支持基于移动数字设备或环境的持续学习。它提供了类型多样的学习活动，而这些活动在其他电子学习形式中也同样可能发生。移动计算技术可支持学习过程，尤其是与动机有关的各种情感因素，如控制力、所有权、趣味性和交流等。在移动技术的辅助下，移动学习有助于进行野外考察和户外学习。

（二）移动语言学习体系

移动语言学习体系设计的人员包括学生（或学习者）、教师（或讲授者，或指导者）以及管理者。移动语言学习的体系结构如图5-2所示。

图5-2 移动语言学习的体系结构

移动语言学习体系一般都具有以下特征：

第一，允许使用者不受时间和空间限制地获取课程资源。

第二，允许通过验证的使用者使用该系统。

第三，允许使用者获取不同形式的资源，如文本、图像、音频、视频等。

第四，允许或促进课程材料的循环使用。

第五，允许使用者行使被定义为教育组成部分的职能。

第六，提供可增加其他服务或组成部分的灵活环境。

第二节　基于微信、微博移动技术支持的大学英语混合式教学实践探索

一、基于微信移动技术支持的大学英语混合式教学实践

（一）基于微信平台的应用技术型大学英语混合式教学实践

这里以基于微信平台的应用技术型大学英语混合式教学应用研究为例，分析和论述基于微信移动技术支持的大学英语混合式教学实践。微信是一种通信工具，它能通过网络进行文本、语音与视频等信息的传输，在人们日常生活中已经有了十分广泛的应用。微信具备十分突出的优点，不仅具有即时通信的功能，还具有异步传播的特性。更为重要的是，微信还能实现点对点、点对面的传播。很明显，微信具有交互性特征，基于此，它可以被应用

在英语教学中。传统英语课堂教学只能在线下课堂上进行，但借助微信，教师与学生在课下也能完成英语问题的交流与探讨。微信平台与传统线下课堂的融合形式是混合式英语教学的呈现形式之一，它有效地将英语教学的时空限制打破了，同时还让学生可以主动地参与英语教学活动。

1. 结合微信的英语混合式学习平台的现实意义

利用微信平台，将混合式教学模式应用到大学英语教学中有着十分现实的意义。首先，传统英语课堂教学的局限性被打破了。在大学公共英语教学中，教师在讲课时人数较多，同时课时变少，因而英语教学很难满足学生的学习需求。微信具有互动功能，借助微信平台的这一功能，学生在课下也能获得一些学习机会，可以与其他同学一起建立英语学习群，当遇到问题时就在群里询问，会的学生自然会帮助解决问题。其次，微信平台是英语课外教学的重要平台，是英语课堂教学的有益补充。借助微信平台，教师可以指导学生巩固所学；同时，教师与学生可以在同一个群里，这样，他们就能时常加强互动，尤其是学生，其可以将自己在复习之后依然存在的问题反馈给教师，教师之后就会给学生提供答案。最后，微信给学生提供了一个有益的自主学习能力培养平台。一般来说，大学公共英语课时有限，只有两年的课程，但是借助微信平台，学生可以随时随地地学英语，这样，学生就能持续性地完成大学四年英语的学习。

2. 利用微信平台的应用技术型大学英语混合式教学平台搭建

利用微信平台搭建的应用技术型大学英语混合式教学平台让授课和学习相辅相成。几乎每个学生都拥有微信，教师把课前导入、讲解阅读、课后答疑、课外拓展等教学环节融入微信个人平台和公众平台，让学生结合网络进行学习，利用微信的优势，将教学活动变得更加丰富多彩。搭建的大型英语混合式学习平台可以让学生在课下自主学习，建立一个与教师课下交流的渠道，充分利用课下时间，进行不间断的英语学习。

（1）课前导入。英语课前导入环节是英语教学的基础。在导入环节通常会以视频或听说训练来引导学生进入课堂内容，激发学生学习兴趣，从而了解学习内容。传统课堂中由于学生人数等的限制，有些训练往往难以展开。在微信平台上进行导入，可以将学生的积极性带动起来，让学生自由谈论，不再一味地听教师讲解，获得更多的学习自由和英语口语练习机会。

教师在课前可以通过微信平台的群发功能，将接下来课堂学习的相关视频或文字图片、背景资料等提前发送给各位同学，让同学提前了解课堂内容；可以利用微信的语音功能，将为学生准备的与课文相关的听力录音发给学生，让学生进行听力练习，了解课文大意；还可以利用微信的推送功能，将延展的内容、可能涉及的知识点推送给每个学生，扩大学生的阅读量。在过去的课堂教学中，将所有内容在一堂课中展现，但课时有限，教授内容多了，就没有实践练习的时间。通过微信平台，教师将内容的重点提前进行发送，课上检验学习效果，节省课堂时间。教师可以利用课上时间带着学生强化英语的实践应用能力。

在微信平台上，教师即使在课下也可以组织学生进行问题讨论，建立微信群，可以看到学生讨论过程，适时进行评价和点拨，总结讨论情况，了解学生学习情况，及时进行课程调整。利用微信可以录播视频的功能，鼓励学生上传视频或资料，并能及时得到其他学生和教师的点赞和鼓励，通过这样的互动模式，减轻学生学习英语的焦虑，激发学生讨论热度。

（2）讲解阅读。讲解阅读是大一公共英语课程中的主要内容。在传统的课堂教学中，课文篇幅长，生词多，语法枯燥，利用微信平台的混合式教学能够将学生从教师枯燥的课堂词汇和句法的讲解中释放出来。学生在课前通过微信学习词汇和句法知识，教师在课堂上将重点放在语篇分析、文章和课文内容的讲解上，切实提高学生的阅读能力。

教师可以通过微信公众平台将课上讲解的词汇和句法知识进行整理，并推送重点词汇和语法给学生，使学生在课后进行巩固复习。而且在网络平台上的资料可以保存良久，利用微信平台的自动回复功能，学生可以自助领取学习资料，比如：①单元词汇练习，②重点难句翻译，③语法练习，④难句翻译回顾等。想要进行哪方面的学习就直接回复相关数字，不同阶层的学生都可以利用微信平台进行个性化的自主学习。

在传统课堂上，以教师为主导，教师要考虑大多数学生的学习进度，所以会忽略掉部分同学。但微信平台的建立，搭建了一个跨越时空的桥梁，学生即使在课下也可以让教师进行一对一指导，不用局限于教室或者办公室；学生也可以在群组中提问，由水平更高的同学进行解答，互帮互助，解决问题。

（3）课后答疑。一般来说，在英语教学中要完成课后练习答疑其实并不容易，这主要和以下两个方面的原因有关：第一，有些学生并不愿意将时间花费在做作业上，以至于不少学生选择照抄别人的答案，根本不对问题进行合理的思考；第二，教材中常常配置一些自学练习，但因为课时所限，教师无法全程督促学生完成。不过，利用微信平台，教师就能时刻与学生产生联系，关注其完成课后练习的进度。

此外，学生的学习过程不可能一帆风顺，总是会遇到这样那样的难题，甚至有些学生因为害羞而无法直接与教师沟通，这就让问题越积越多，最后学生可能连解决问题的信心都丧失了。而微信平台不需要教师与学生面对面，学生可以将自己的问题通过微信消息发送给教师，教师基于问题就可以给出相应的答案。

目前微信公众平台有了响应功能，通过相关设置，教师可以监督学生进行课下练习，并将答案回复到公众平台上，用来检测其练习的完成情况。教师利用微信公众平台的功能，与学生进行信息交互。教师可以将课后练习解析推送到平台上，学生根据自身需求进行筛选学习，既节省了课堂时间，也实现了个性化学习。同时，利用微信平台实现混合式教学模式，组织形成多个目的明确的考试小组，如四六级小组、口语练习小组、作文范文小组等。通过灵活的分组，教师可以分类提供资料，学生可以自由选择加入，根据自身情况主动进行学习。最终能够实现教学个性化，实现定制的混合式教学模式。

微信给教师提供了一个可以给学生答疑的平台，学生可以运用文字、语音等形式向教师提问，当然，也可以向自己的伙伴求助。如果学生是在微信群里问的，那么教师就会在微信群里回复，这样，有着同样问题的同学也能获得一样的答案，这就提高了知识解答的效率。教师在上课之前可以让学生预习，在学生预习完毕之后，教师就可以利用微信平台向学生了解其预习情况，以及其在预习中遇到的问题，进而收集多样的问题，在课堂上可统一讲解。

（4）课外拓展。大学生的时间十分充沛，但他们喜欢在课下参与一些娱乐活动，并不愿意自觉地开展课下学习活动。而借助微信平台，教师可以给学生推送与教学内容相关的学习资料，这样，教师就能对学生的课下学习进行必要的监控。

教师可以将拓展资料进行相应分类，如文字阅读类、听力语音类、重点词汇语法类等。学生可以通过收听与四级听力考试相关的BBC、VOA新闻类音频，或是看两三分钟TED视频等多种方式拓展自己的知识面，提升对英语学习的兴趣。学生通过审视自身的需求来学习。

教师可以将教学内容通过微信朋友圈进行发布，发布的内容应该是多种多样的，不仅包括西方文化背景知识，还包括单词辨析、经典语法与语句等语言知识。这种混合式教学模式能让学生借助微信平台完成英语的高效学习。

基于微信平台的混合式教学模式，对传统英语教学模式予以改变，同时还将微信平台与英语课堂教学结合在了一起。不过，笔者需要指出的是，微信只是英语课堂教学的有效补充，并不应该成为英语课堂教学关注的中心。混合式教学加强了教师与学生的互动，同时还能帮助学生进行自主学习探究活动，促进其自主学习能力的提高。基于微信平台搭建的应用技术型大学英语混合式教学模式，使学生的英语学习变得更加容易，其学习的效率也能有所提高。

（二）基于微信公众平台的金融英语课程混合式教学实践

应用型本科院校利用混合式教学模式进行金融英语课程教学是培养学生的学习主动性与实践能力、满足金融行业不断提高的对人才的需求的有效途径之一。早在2003年，北京师范大学何克抗教授首次正式在国内倡导"混合式教学"。之后，随着现代社会计算机信息技术的不断提升，线上教学资源的不断丰富，以线上和线下相结合的混合式教学模式逐渐受到人们的普遍关注。

微信作为覆盖率最高的国内社交软件，特别受高校学生青睐。2012年8月23日，其正式推出内嵌的"微信公众平台"模块具有信息传播功能，通过向订阅用户输出信息的方式，让教师摆脱课堂教学时间、空间的限制，为实现混合式教学提供了崭新的平台。这里以重庆工商大学融智学院的金融英语课程为例，通过微信公众平台"金融英语汇"的建设与实践进行混合式教学模式研究。

1. 基于微信公众平台进行金融英语混合式教学的优势

（1）微信用户黏性高、学生接受度较高。当前，几乎中国人的每一部智能手机中都有微信这个软件。微信使用起来非常方便，只要完成注册，朋友之间就能相互沟通消息，学生还可以根据自己的喜好关注不同的公众号，当公众号推送消息时，其就能收到。微信的一切都方便了人们的生活，以至于每个人都特别喜欢使用微信。

（2）普适化学习。每个学生在学习方面都有着很大的个性化差异，以至于其在学习时间、需求、能力等方面表现出了差异，这就是学生的普适化学习。很明显，要想满足不同学生的学习需求，就需要为其建立一个能随时沟通、移动的学习平台。微信平台就是这样的一个平台，教师可以借助微信平台将学习资料传送给学生，同时，对于学生来说，他们可以根据自己的时间与地点自行安排学习计划。

（3）平台推送内容、形式多样化。微信平台能对不同的信息形式进行编辑，不仅能对文字、图片进行编辑，还能对音频、视频等进行编辑。多样的信息形式让英语学习资源也变得更加生动，正是因为如此，金融英语学习变得不再枯燥，学生学习英语的积极性也被激发出来了。

2. 金融英语课程的微信公众平台建设

金融英语混合式教学旨在培养学生作为学习主体的主动性、积极性与创造性。因此，微信公众平台菜单模块设计（如图5-3所示），由三个主菜单模块组成，包括课堂学习、英语Tips（英语小贴士）、Have Fun（获得乐趣）及每个主菜单下的子菜单。

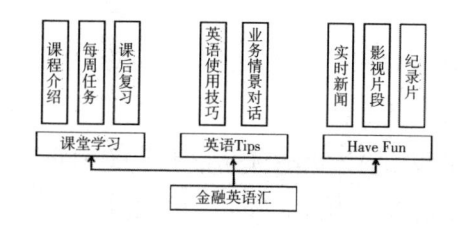

图5-3 微信公众平台"金融英语汇"菜单模块

（1）课堂学习模块。课堂学习模块包括课程介绍、每周任务和课后复习三个子菜单。课程介绍包括教学大纲、授课计划、学习目的和考核方式，让学生从开课伊始就明确课程的架构和学习目的；每周任务则是通过分配任务，将部分知识点学习的决定权从教师转移到学生，锻炼学生的深度学习能力，实现翻转课堂；课后复习是根据课堂学习情况反馈，整理每周重难点并设计课后习题推送给学生，以便于其巩固知识点。

（2）英语Tips模块。英语Tips模块包括英语使用技巧、业务情景对话两部分。英语使用技巧既有日常英语用法介绍，也有金融专业词汇分类汇总，还有英文考试答题技巧等，解决了课堂教学时间有限的难题。业务情景对话主要推送各类金融业务情景对话音频或视频，方便学生自主练习金融英语听、说、读、写应用能力。这一方面填补了传统课堂教学中学生听、说、读方面能力训练的短板，另一方面有利于培养学生学习的主动性。

（3）Have Fun模块。金融市场是动态发展的，但金融英语教材并不会随着金融市场的变化做出实时的变化，所有的金融英语教材在内容方面都是落后于市场的。因此，英语教师运用陈旧的教材开展英语教学时，学生的综合素质始终无法与社会对金融人才的要求相适应。Have Fun模块可以给学生推送许多金融时事双语新闻、电影双语片段和双语金融纪录片等较为轻松的内容，一方面可以让教材内容滞后于市场发展的情况有所改善，另一方面可以避免学生产生厌学心理。

（4）内容推送设计。大学生每天浏览微信的时间都很长，最少维持在10分钟。因此，在进行教学内容设计时，英语教师可以推送给学生一些浏览时间控制在10分钟以内的阅读材料。并不需要每天都推送，只需要一周推送三次即可。

此外，微信公众平台用户活跃度为早上8点至10点和晚上9点至10点。教师在内容推送时间安排上，可以定时选择早上8点至10点间推送课堂学习模块内容，给学生足够的时间灵活选择自主学习时间点；晚上9点至10点推送内容较为轻松的英语Tips和Have Fun模块，这样更容易激发学生的学习兴趣。

3. 基于微信公众平台的金融英语混合式教学环节

（1）课前自主性学习。要达成混合式教学的目标，必须将学生作为教学的中心，同时还要让学生了解每周金融英语能教给他们多少新知识。教师可以为学生准备一些与教学知识点有关的英语阅读文字材料与视频材料，最好还可以在材料上设置一些测验题，同时，借助微信公共平台将这些材料推送给学生。当学生完成测验题的回答之后，教师就需要对学生的知识点掌握情况进行合理的分析与判断，从而使学生可以对自己的实际能力有清楚的了解。

（2）课堂探讨与讲解。以学生反馈的课前测试结果为依据，教师能知道学生的学习情况，能知道学生究竟在哪些知识点的掌握上更加具有优势，在哪些知识点的掌握上还存在不足。这样，教师就可以将教学的注意力放在学生知识点掌握的薄弱点上，进而采取一切可行的方法促进学生对英语知识点的掌握。

（3）课后总结与测评。当课程结束之后，英语教师可利用微信公众平台将英语重难点知识推送给学生。学生可根据自己实际的学习情况完成自我学习总结，同时还可以利用微信平台完成自我测评。此外，教师要重视与学生的交流，在与学生频繁的交流中，可以了解学生基本的学习情况，对于学生学习过程中存在的问题，就可以进行合理的改进。借助微信平台，混合式教学的阶段性评价目标也算是完成了，基于此，形成性教学评价就变得相对比较容易了。

应用型本科院校金融英语课程教学非常复杂，借助混合式教学模式能更好地培养应用型人才，使高校人才培养逐渐与市场需求相一致。金融英语混合式教学模式借助微信平台让教师、学生的作用都发挥了出来，教师的引导、启发与监控作用得到了很好的发挥，学生的主体性、创造性作用也获得了很好的发挥。

二、基于微博移动技术支持的大学英语混合式教学实践

微博说到底就是一种微型博客，用户利用微博客户端就能建立个

人的网上社区，同时还可以在这个社区中发表自己对某件事的看法，关注自己感兴趣的话题等。尽管微博能够发布的字数、图片都有限，但因为它涵盖了人们生活的方方面面，所以受到了许多人的喜爱，人们能从微博上获取许多新颖的知识。微博作为一种典型的社交工具已经获得了许多人的认可，其操作简单，信息传播速度特别快，能帮助人们在第一时间掌握事件发生的全貌。另外，微博还是一个资源整合平台，它将文字、图片与视频等不同形式的资源进行了有效整合，因此只要在微博上搜索自己想要的信息，用户一般都能找到。与某些新型媒体相比，将微博运用在教学中，它能够表现出以下几个比较明显的优势：第一，获取的信息不仅及时而且有效；第二，能为教学提供一个良好的氛围；第三，交流环境相对来说比较真实、可靠；第四，平台上的信息满足了学生的需求，因而能为学生所接受。

微博应用性极广，主要是因为其具有较强的功能性。首先，微博设置了发布字数，140个字的限制会让其在形式上更加灵活，同时也实现了微博与手机之间的无缝连接，因此这种设计具有特别意义。其次，微博设置了分组功能，这项功能可以有效筛选分组中的相关用户信息内容，有助于进行信息定位。用户彼此之间可以通过关注的方式建立关系，被关注一方的微博则会出现在关注者的微博首页，两者之间能保持有效沟通。再次，相对传统博客而言，微博实现了跨平台之间的交流，可以利用各种形式的平台，包括手机App等发布信息。最后，微博与人们传统认知中的交流并不一样，它将中心思维予以淡化，所有的用户都有可能成为话题的中心，所有的用户都能进行评论、转发、收藏等操作。所有的评论对象及其评论内容被结合在一起，就能将用户的网络行为清楚地记录下来。

（一）基于微博移动技术支持的大学英语写作混合式教学分析

1. 微博在英语混合式写作教学中的价值

（1）微博能有效激发学习动机和兴趣。古语有云："知之者不如好之者，好之者不如乐之者。"这句话流传至今，可见学习兴趣对于学习效果发挥的重要性。目前来看，许多大学生对英语知识的学习只停留在"灌入式吸收"阶段，学生对枯燥的英语知识讲授形式早已产生了一定程度的厌烦情绪，好成绩成为推动大部分学生继续完成英语学习的动力。这种情况长期发展下去不仅不利于良好的英语学习氛围的形成，不利于教学活动的开展，还使得学生对英语学科的学习兴趣大幅度下降，更有甚者可能会引发"偏科"现象。如今，新媒体技术不断发展，大大改善了传统英语教学氛围，教师在课前利用微博话题、幻灯片、影视片段等形式，引入课堂主题，使原本枯燥的英语课堂变得丰富多彩起来，充分调动了学生的积极性与课堂参与意愿，有助于实现与教师、同学之间的良性互动。课后，学生还能利用微博发帖功能，在一定的超级话题区发表动态，任何与英语学习有关的问题、成果等都可以发表在话题区内，供大家一同谈论。在微博上还可以向行业内优秀的英语教师请教问题，通过评论、私信等途径，寻求问题的最优解，真正实现了集思广益的学习过程，强化了自身对英语知识点的理解与记忆。

（2）微博让学生在学习中把握话语的主动权。新媒体时代，学生通过微博能够实现与教师之间的长时互动，这种互动不受任何时间、空间条件的拘束，打破了以往传统英语教学课堂的时间、空间限制，大大提高了学生的英语学习兴趣。同时，学生掌握了在英语写作课程中的学习主动权、话语权。在以往教学模式下，教师讲课内容就是学生学习的内容，学生在课后进行重新梳理时发现的新问题不能得到及时解决，只能将疑问留到下节课，而在微博上，学生在自行搜集英语写作课程资料时，对其中内容产生疑问或者对其中某一部分特别感兴趣时，通过与教师之间的微博互动就可以得到及时解答。长此以往，学生对英语写作的心理也会由恐惧变为享受，这将有利于提升学生的英语实际运用能力。

（3）微博为教师和学生搭建交流平台。在微博平台上，教师与学生之间的交流是双向的，学生可以及时向教师请教专业知识，教师也可以通过私信、评论、发帖征集等形式及时了解学生内心所想。根据不同学生的反馈，教师能为每个参与交流过程的同学制订教学计划，还能够通过数据统计与分析环节，总结归纳学生在学习过程中的薄弱之处，为某一类型学生制订普遍化的教学计划，不断提高自己的英语教学水平、能力。微博作为一种新媒体，摆脱了传统媒体的限制，师生之间的交流互动更富于自由性，有利于英语写作教学活动的深度开发。

2. 基于微博移动技术支持的大学英语写作混合式教学的前期准备工作

教师与学生都要注册微博账号，当微博账号建立起来之后，教师就可以建立一个微博群，所有师生都可以在这个群里自由地分享英语写作资源。

3. 基于微博移动技术支持的大学英语写作混合式教学的实施过程

微博教学实施需要一定的过程与步骤，这里的步骤主要有三个：第一，准备环节，准备足够的英语写作资料；第二，写作环节，依据写作资料进行写作构思并着手写作；第三，总结互评环节，学生之间可以互相评价对方的作文。因为微博平台比较自由、教育资源比较丰富，因此在这样的平台上学习，学生的英语写作水平必然会有所提高。

（1）根据语境，自拟主题。将微博应用在教学中，可能不少学生会出现这样的心理，认为微博在教学中所发挥的作用并不大。因此，如果要让学生改变这种想法，就需要教师引导学生在微博平台上学习，通过亲身体验才能感受微博教学的好处。教师在借助微博平台开展英语写作教学时，应该注意以下两个方面的问题：第一，在微博平台上必须将课文的全部内容展示出来；第二，教师要有意识地利用微博平台上的各种资源激发学生的认知意识，同时依据具体的教学内容引导学生在微博平台上搜寻相关文字、图片等，从而使学生在搜集学习资源的过程中完成对知识的初步学习。

教师可以借助微博为学生布置写作任务。教师布置的写作任务应该以学生的兴趣为出发点，也就是要设置学生关注度极高的主题。当主题确定之后，教师就可以根据某一主题讲解一些实际案例，并鼓励学生在微博平台上搜索一些与该案例有关的知识点。微博上的英语写作素材有很多，学生可利用微博查阅与自己所学作文主题有关的素材。微博教学环境比较自由、轻松，学生获取英语写作资源没有时间与地点的限制，这也让学生可以认识到英语其实是渗透在人们生活的方方面面的，只要想学习，就可以在微博上搜寻到一切想要的英语写作资源。

（2）小组讨论，确定方案。当写作主题确定之后，教师就可以在微博群中将主题告知学生，所有学生都可以以小组的形式进行讨论，都可以提出自己的想法与建议。经过必要的整理之后,写作思路基本就能确定下来,接下来就是要着手实施写作方案。小组讨论可以凝聚许多同学的思路与想法,使英语写作增加更多可能性。同时,所有学生都可以将自己搜集的资料分享到微博群中,这样,其他学生就能对其搜集的资料进行评价,从而使其可以了解自己搜集的资料哪些是有用的,哪些是无用的。

(3)初稿拟定,完成作品。在小组讨论完毕之后就需要对资料进行整理,学生可根据自己的理解能力以及掌握的英语词汇进行英语写作,写完一小段之后就可以发微博,其他同学看到之后就会对其进行修改与评论,这非常有利于学生写作水平的提高。评论他人的作文不仅能帮助他人找到写作的不足之处,还能使自己在修正别人写作问题的过程中提高自己的语言应用能力。

(4)群友互评,共同进步。微博群友之间可以利用微博相互修改作文,在修改过程中能发现许多问题,将学生发现的所有问题集中起来统一讲解,就能使其对英语写作知识有更加深刻的理解。在相互批改作文的过程中,所有学生都将实现共同进步与发展。

(5)教师点评,做出有效评价。不同学生,其认知能力有着十分明显的差异,因此他们在学习的各个方面也呈现出了不同的差异。教师需要针对学生不同的特点对其进行有效评价。教师首先应该了解学生所掌握的词汇、语法等知识,要了解其平常的英语写作成绩,进而结合其现阶段的英语写作情况,进行全面的评价。

(三)基于微博移动技术支持的大学英语口语混合式教学分析

1. 微博在大学英语口语教学中的价值

在大学英语口语教学中,微博的应用增强了口语学习的趣味性,学生了解英语口语知识、进行英语口语练习不仅可以通过课堂时间完成,还可以通过微博以自己感兴趣的方式完成,摆脱传统教学模式下枯燥无味的英语口语练习形式。此外,学生在练习英语口语时,不再受到时间、空间的限制,自己在家就能完成英语口语学习活动。

(1)激发大学生学习英语口语的兴趣,提高效率。从本质来看,微博是一个社交软件,在这样的定位之下,微博设计者尤其注重用户之间的交互性、交流性强成为其主要特征。这种特征恰好满足了学生在网络环境中开展英语口语学习活动的环境需求。将微博应用于英语教学活动中，有利于打破传统英语口语教学模式的局限性。微博上的英语口语学习途径是十分丰富的，学生可以通过关注专业的英语口语教师、在华英语使用者、英文影视剧粉丝聚集区等多种途径，学习地道的英语口语，完成与多方专业英语口语人才之间的交流。

（2）营造良好环境氛围，提升大学生学习信心。长期以来的应试教育模式使英语专业学生养成了不注重英语口语的不良学习习惯，很大一部分学生存在着英语口语表述问题，他们的英语口语表达能力相对较弱，而微博的应用将极大地改善学生在英语口语学习中的现状。在微博上，学生可以寻找志同道合的英语口语练习者一起打卡学习，实现共同进步。一部分羞于在人前展现英语口语的学生，可以通过影视片段跟读、美文朗读等活动练习口语，摆脱开口羞耻心理，缓解紧张情绪，形成良好而又轻松的英语口语学习氛围。有了初步尝试，学生才敢于大胆开口。通过对每一次进步的记录，学生能够逐渐放下心理包袱，提升英语口语表达信心。

（3）建立师生平等教学新模式。在英语口语教学活动中，应用微博可以增强师生交流的平等性。在传统教学课堂中，教师拥有一种不怒自威的气势，学生受各种因素影响，无法与教师形成亦师亦友的师生关系，而在微博上，学生与教师都是以网友的身份出现的，这种团体认同感在无形中拉近了学生与教师之间的距离，教师在学生心目中的形象由一个威严的课堂管理者转化为一个平易近人的网络伙伴，有利于建立师生平等教学新模式。

（4）丰富英语口语教学渠道。将微博应用在英语口语教学活动中，有利于学生拓宽学习视野，积极汲取有益知识、技能等，能够在与他人的交流中完善自身的学习方法，能够在与他人的英语口语比拼中发现自己的不足从而改进，能够获得英语口语学习的多种渠道，优化自身的英语口语表述方式，促进英语口语能力的全面提升。

2. 基于微博移动技术支持的大学英语口语混合式教学的实施

（1）教学准备环节。教师与学生都需要对微博有一个准确的了解，当然，现在许多大学生都玩转微博，微博成为他们生活中的一部分，但也有一些学生可能对微博的了解并不深入。这时教师就需要在开展基于微博移动技术支持的大学英语口语混合式教学之前向学生介绍微博。教师应该告知学生如何创建微博账户，要让学生了解自己可以根据自己的喜好关注他人，还要了解微博的点赞、转发、评论等功能。

另外，教师还要组建微博群，让所有学生都可在微博群中共享学习资源，同时教师还可以定期组织学生进行口语训练，久而久之，学生的口语水平必定能有所提高。

（2）组织教学活动。

①布置课后作业。大学课堂时间多集中于45分钟，教师只负责讲授专业知识，几乎不太管理课堂，这导致英语课堂变得十分散乱，许多学生甚至是课上不学，课下也不学。为了使学生的英语学习效果能有所保证，就需要教师为学生布置一些课后作业，以督促学生学习。不过，笔者要指出的是，教师布置的课后作业除了要与学生在课堂所学知识有关之外，还需要具有趣味性，能引发学生想要完成的兴趣。

②利用微博答疑。大学课程不多，且不少学生根本就没有固定的教室，其上完课之后就回到宿舍玩游戏、看电视，这就使其大好时光被耽误了。另外，教师上完课也会直接离开教学楼，这使教师与学生除了上课时间根本就没有交流的机会。有些学生喜欢在课后继续学习、探究，但在这一过程中他们也会遇到问题，当这种情况出现时，学生就无法直接向教师获取问题的答案，进而在一定程度上阻碍了学生的学习效果。在这种情况下，微博的作用就凸显出来了，学生在学习过程中遇到问题之后，可以利用微博平台发出"求救"微博，作为微博好友的教师与其他同学看到学生的询问都会为其解答。只不过教师可能并不会直接给出答案，而是先引导学生在微博上自行探寻答案。

第三节 移动技术支持的大学英语混合式教学形成性评价

一、背景介绍

科技的进步给语言教育的方式带来了新的机遇和可能性。基于现代信息技术的教育的融合将是高校教育发展的主流趋势。作为高校基础课程，大学英语教学引入信息技术亦是时代发展的必然。教育部在《大学英语课程教学要求》中也提出："各高等学校应充分利用现代信息技术，采用基于计算机和课堂的英语教学模式进行教学活动，新的教学模式应以现代信息技术，特别是网络技术为支撑，使英语的教与学可以在一定程度上不受时间和地点的限制，朝着个性化和自主学习的方向发展。"全国高校近年来几乎全部构建了校园网，基本实现了校园网络全覆盖。信息技术与校本课程的整合也正在有条不紊地全面铺开。结合传统教学模式，实行大学英语教学"线上+线下"的混合式教学方式越来越受到教师和学生的喜爱，已经紧密地融合和深入阅读、语法、听说、词汇及写作等语言教学的各个方面。基于网络的，以新媒体、云端大数据等为依托的数字化教学平台在大学英语教学中能够充分激发学生的语言学习兴趣，提高语言学习效果，兼顾语言学习内容的多样性、实用性、知识性及趣味性；同时，注重学生日常课前学习成效、课堂表现、课下团队合作情况以及网络学习及互动情况，确保教学评价的客观性及科学性。同时，有针对性地构建基于网络学习平台与大数据分析的大学英语教学形成性评价模式，并进一步讨论基于网络学习平台的大学英语教学形成性评价中相关学生评价数据来源，以及基于网络学习平台的大学英语教学形成性评价具体内容及比重等问题。教学评价作为大学英语教学的重要内容，是实现大学英语教学目标的有效保证。

形成性评价是教育的一个不可或缺的部分，它可以对教师的教学活动与学生的学习活动的全程进行评价，且能借助评价结果帮助教师完成对自身教学活动的审视，帮助学生完成对自身学习活动的审视。这样，教师就能不断优化自己的教学方案，改善教学方法，而学生就能不断优化自己的学习方案，改善学习方法。

在混合式教学模式广泛运用的今天，在新的语言学习模式下，如果只是直接移植传统语言学习的评价范式和框架，势必影响移动技术支持下的学习者在大学英语学习中的兴趣与参与度，影响教学效果和学习质量。教学形成性评价有助于优化大学英语教学评价模式，实现大学英语教学评价体系的重构，以大学英语教学评价的实施助力学生全面发展，凸显大学英语教学的价值。

二、移动技术支持的大学英语混合式教学形成性评价的理论基础

形成性评价（评估）由斯克里芬（Scriven）在1967年首次提出，用于监控教育过程中有可能出现的问题，为正在进行的教育活动提供反馈信息，以提高实践中正在进行的教育活动质量的评价。本杰明·布卢姆首次将形成性评价这一概念引入课堂教学评价中，指出形成性评价是在整个教学实践过程中提供反馈和修正，是通过一定的反馈方式（课堂测验、期中考试等）对教师和学生的教与学进行评价，其目的是进一步完善教师的教学成果和提高学生的学习质量。形成性评价注重对学生的学习过程进行反馈，它不仅从教师（评价者）的需要出发，而且注重从学生（被评价者）的需要出发，重视师生交流和学生在学习中的体验。我国自20世纪开始提出了一次性评价与形成性评价相结合的实施思路，国内研究者对形成性评价也做了诸多尝试与研究，提出了形成性评价在实施过程中应遵循的策略、原则、评价方式等，并将其应用于教学过程中进行测试，验证了形成性评价确实能够提高学生参与性、学习兴趣，乃至学习效果。形成性评价通过为学生提供多种自我表现的形式和机会而更加有利于发挥评价的作用，大大实现了评价的客观性和激励性。目前形成性评价的方式包括课堂讨论、学生学习报告、单元测验、课堂测验、期中考试、期末考试、自我

评价和同伴评价等。

　　形成性评价有助于推动大学英语教学理念多元化，适应当前智能时代对外语人才的需求以及突破传统评价体系，加快新媒体背景下大学英语教学评价体系的革新。当前大学英语教学应更加重视教学评价，梳理当前教学评价存在的现实问题，将形成性评价运用到实际的教与学的过程中，重构大学英语教学评价体系，助力新时代大学英语教学质量的提升。

　　不同于以往的教学评价模式，当前的形成性评价的主体是多元化的，包括学生、教师、各种移动学习路径（如手机、平板、App、慕课、微博、微信……）。形成性评价的目的在于挖掘学生潜力，刺激其学习主动性，促进学生的"线上+线下"学习，同时也能为教师提供真实的学情反馈，促进教师对教学各因素进行及时调整。形成性评价方式呈现多元化特点，涉及学习策略、知识技能、情感态度、学习环境、个人学习习惯等要素，教师将形成性评价运用到大学英语教学评价体系中，是对传统大学英语教学模式的一种颠覆，能使大学英语教学质量得到提升。通过形成性评价，学生不但可以全方位了解到自己的学习质量，还可以立足于自己的真实情况，对自己的学习状态、学习效能、学习意识等进行针对性的调节，以提高学习效果。同时，也能让教师有针对性地帮助学生调整学习方法、发展思维能力，促进学生的学习，保持教与学的良性发展。

三、移动技术支持的大学英语混合式教学形成性评价发展现状

　　目前，许多高校英语教学评价采用的是一次性评价为主、平时成绩为辅的方式。考试是主要的考核形式，考试由期末考试与平时成绩考核两部分组成，其中后者还包括学生的日常出勤情况、作业完成情况等。今天，移动技术快速发展，人们所到之处几乎都有Wi-Fi网络覆盖，一部手机就能完成英语的学习。即便如此，大学英语教学依然存在以下几个较为突出的问题。

　　（一）评价主体单一化

　　2007年教育部颁布的《大学英语课程教学要求》明确指出，大学英语

的教学目标是要培养学生的英语综合应用能力，适应信息化时代对外语人才的需求。中国大学英语课程发展方向已经有了明显的改变，开始从"以教师为中心"的教学模式向"以学生为中心"的教学模式转变。不过，笔者还需要承认的是，长期以来，中国高校实施的是大班教学模式，这一教学模式比较单一，进而导致英语教学的效果并不好，尤其是在听、说教学方面的效果最不好。现在的大学英语教学形成性评价主体依然是教师，学生自主评价和学生小组互评较少。虽然翻转课堂应用已经非常广泛，多数外语教师也接受并认可了混合式教学模式，教师与学生的角色转变势在必行，但很多学生习惯被教师点评，习惯被动式地关注，缺乏对自我评价的关注，这在很大程度上忽略了学生在评价过程中主观能动性和自主性的发挥。同时，在混合式教学模式的小组合作学习过程中，忽略了同伴评价和组员互评的重要性。

（二）评价反馈不及时

对学生进行评价的根本目的就是反映学生在学习过程中的学习态度、使用的学习方法、形成的学习习惯等。最为重要的其实就是，要利用评价结果给予学生有效的反馈，从而使学生可以对自己的学习情况有清楚的认知，进而不断调整自己的学习计划与学习策略，最终使自己成长为一名自主学习者。

在传统英语教学中，教师对学生的评价并不及时。在学生课前预习环节，教师无法对学生进行合理的指导；在课中环节，教师也无法兼顾每一位学生；课后，教师对学生的作业进行评价也可能会因为网络的延迟而拖延，从而导致学生无法正确把握自己的学习效果，一定程度上无法根据问题进行进一步的修正和探索，降低了他们的学习主动性和兴趣。

（三）研究实践待深入

从知网数据查询来看，大多数实证研究借助网络平台或移动技术开展大学英语混合式教学形成性评价，设计了调查问卷、访谈等研究方法，但是理论性的定性研究居多，定量分析的研究不足，尤其是在检验形成性评价促进大学英语教学的成效和影响上研究不够深入。在构建形成性评价体系时，大多数学者借助了各种类型的网络平台安排测验、作业、签到和主题讨论，线下评价主要考查学生的课堂表现和小组合作。总之，国内学者对形成性评价也进行了具体的研究，研究的成果主要集中在评价理论的总结、评价方式的探索等层面上。不少学者在针对形成性评价的某个方面进行具体探究时一般也会对形成性评价的重要性、指导原则进行简要论述，还会对某一学科内部形成性评价体系的建立情况进行研究。例如，有的学者已经开始研究形成性评价体现在英语教学中的建立与应用情况。当前，形成性评价已经开始在混合式教学中被应用，但从研究视野上来看，形成性评价在混合式教学中的研究程度并不深入，只是将研究的重点放在学生态度、动机与自主学习能力培养等方面，研究的方法相对来说比较单一，主要采用的是调查问卷的形式。有些学者还利用一些辅助性的手段建立了形成性评价体系，比如利用超星学习通，基于超星学习通的形成性评价体系能解决许多问题，不仅能解决信度不高的问题，还能解决负担加重等问题。这些研究都是致力于在混合式教学中构建形成性评价体系，但因为许多研究没有强有力的数据做支撑，因此研究的成果其实并不显著。

（四）形成性评价实施的动力不足

虽然目前形成性评价受到很多学者关注且其发表论文数量增长迅速，但研究力度依然不够深入，评估价值体现不足，没有引起足够的重视。这主要在于教师缺乏因大量时间投入而必需的激励和有关政策的大力支持。在实际的教学评价过程中，教师除了应付繁重的教学任务之外，还需要开发新的评价方式，结合学生个体情况制订评价标准，时时观测教学反馈，调整部署下一步的教学活动，这些都需要耗费大量的时间成本和精力投入。在混合式教学中，教师自身的信息素养能力参差不齐，导致相当一部分教师对利用网络平台实施形成性评价产生一定的困扰和实施压力。此外，教师如何把握形成性评价和终结性评价的关系，如何充分认识形成性评价体系的价值体现，如何平衡两者在判定学生学习效果时的作用，也是导致形成性评价没有进一步发展的阻力之一。在现行的教育体制下，学生的成绩依然由大规模的一次性考核评价决定，即便形成性评价在本科教学评估中有所要求，依然不起决定性作用，只不过是评定学生成绩的辅助手段。学生在开展自我评价、同伴评价时习惯成自然，应付了事，教师开展多元化评价方式时阻力重重，也必然使形成性评价实施的前景堪忧。

四、在大学英语混合式教学中形成性评价的构建

（一）加大智慧课堂的建设

在目前的形成性评价运用到大学英语教学的过程中，很多高校大学英语教师采用某种App，如学习通、流利说等移动技术端进行课程施展过程评价。这种平台方便操作，可以实现诸如签到、抢答、投票、课堂随测、单元考试、多屏互动、墙上讨论、课堂报告等多种活动，但是这种移动技术端需要每个学生用自己的手机进行操作，不可避免地会出现某些学生上课开小差、精力分散等不利于课堂活动的状况，影响混合式教学质量稳固提高，对培养学生自主式学习具有一定的局限性。同时，诸如学习通的移动端学习平台不利于教师对学习过程进行有效监控，无法对出现的问题给予及时的指导与沟通，因而我们需要一个符合智能时代背景下的新型大学英语混合式教学平台——智慧课堂，它是形成性评价实施的关键。它不仅使教与学的过程中师生互动的所有活动轨迹和信息都可以得到及时存储、分析，而且可以为教师提供日常教学活动，开展多样化的教学评价活动，突出学生的学习主体地位，将形成性评价贯穿于课堂教学的方方面面。智慧课堂的建设突出形成性评价的价值，其能融入角色扮演、分组讨论、课堂提问、生生互动等教学环节中，通过教师与学生、学生与学生良好的沟通与互动，针对性地引导学生，给予学生一定的点拨，启迪学生思维，修正学习中的某些不利策略，使学生建立学习外语的信心和兴趣，使学生的语言能力在智慧课堂中得到真正发展。因而完善具有及时性、真实性、反馈性、师生参与性的多元化的评价方式，需要大力倡导智慧课堂的建设，以新的评价模式实现大学英语教学评价体系的重构。

（二）强有力的政策支持和激励措施

为了使形成性评价可以顺利实施，有关教育部门用户管理者应该制定支持形成性评价的政策与制度，学校应该积极鼓励教师探索形成性评价。学校管理者应该将形成性评价的具体内容确定下来，同时要为教师配置合

理的资源，还要与教师一起制订评价的原则，结合实际的教学情况，适当地对教学内容、时间等进行调整。这样，形成性评价就能在大学英语混合式教学中发挥积极作用。除此之外，由于多元性的形成性评价体系需要教师付出大量的时间和精力成本，学校管理层还需进一步出台相关政策，既保障教师的课时需求，又激励教师参与形成性评价。

（三）开展不定期的培训以提升教师信息素养

基于新媒体背景下开展的混合式教学中实施形成性评价对教师的信息素养提出了更高的要求。教师不但要具备分析和整理网络教学平台数据的能力，还要在网络平台与学生进行有效互动和情感交流，适时利用可视化数据为教学提供反馈，对学生提出学习指导，保证教学效果，提升学习效率。但目前很多教师只具备简单的网络操作能力，依然习惯于传统的课本、黑板教学模式和终结性考核评价方式，对当前的信息化教学——智慧课堂没有充分的信心和准备，这对新时期进行大学英语混合式教学改革以及多元评价体系的构建不利。因而为了加强教师的信息化能力，相关管理部门可以定期组织大学英语教师参加信息化教学讲座；积极组建跨学科、跨专业的教学团队优势互补、校企合作模式相互协作，促进老、中、青教师信息化能力的共同发展；推进混合式教学实践，让教师在课程建设中边学边做，不断积累经验，提升能力，增强信息学习能力的连续性和系统性。除了构建多元性形成性评价体系，还可以更多地侧重于形成性评价的有效性分析、反馈机制及评价体系对学生的影响、学习动机研究。深化具体反馈数据的良性研究和质性分析，对教与学过程的每一个阶段都构建客观真实的评价标准、评价方式和评价结果，以期在信息化时代的大背景下，形成性评价能在大学英语混合式教学中发挥越来越大的作用。在未来的教学中，广大教师应该深入学习形成性评价的理论知识，丰富实践操作，探究更为充实合理的研究路径，总结经验，以真正助力教学的长远发展。

（四）线上、线下多维度评价

应该采用线上、线下评价方式，从而保证评价的全面性。线上考核的指标主要为日常教学内容的检测，包括听力、口语、阅读理解、语法等，教师根据学生在学习过程中出现的问题反馈，督促学生及时修正、反复测评、修正、改进，完成每个单元的语言输入学习。由于智慧课堂的多元性特点，诸如课堂发言、演讲、小组讨论等，都可以纳入课堂考核指标，以激发学生参与课堂活动的积极性。同时，教师还应根据教学进度适当开展阶段性的测试考核，把学生参加课外实践活动、课外自主学习成果也纳入评价指标中来，鼓励学生积极参与课外英语实践活动，提高英语应用能力，达到学以致用。

（五）传统评价方式与多元性形成性评价方式相结合

传统的终结式评价方式主要采用以期末考试为主、平时成绩为辅的评价方式，主要通过一次闭卷考试的形式进行考查，虽具有一定的客观性，但也难免有终结性特点，对于学习过程、学习策略、学习方式没有任何反馈，对提升学生自身的外语水平这个最终目的具有一定的局限性。多元性评价方式是教师、学生互为主体，着重激发学生在形成性评价中的积极作用、自主作用。教师要明确地指出教学目标与任务，要与学生一起为其制订学习规划，并引导学生逐渐树立起学习的信心。教师还应该让学生进行自我评价与同伴评价，并根据评价结果反思自己的学习习惯与方法，从而不断调整自己的学习结构，不断更改自己的学习计划。教师与学生的互动、学生与学生的互动，让学生可以更加了解自己，也能不断激发自己的学习兴趣。但形成性评价方式也有一定的局限性，由于依靠线上平台搜集学习数据，对学生学习的每个阶段提供及时有效的反馈，因而教师必须具备一定的整合数据和分析数据能力，记录学生的学习轨迹，生成课堂报告，但目前的教师整体信息素养能力尚不成熟，仍需要高校管理部门定期进行信息培训和组建跨学科专业优势互补团队。

除此之外，多元性形成性评价体系离不开教师的大量时间和精力投入，因而高校管理部门强有力的政策和经济支持是保障新时期教学评估的基础。综上所述，只有传统的终结性评价方式和多元性形成性评价方式相结合，才会真正做到主客观相结合，过程与结果相辅相成，既维持了学生对语言的学习兴趣，又通过智慧课堂提高了他们的参与性、主体性、主动性；既使学生明确了学习中一些不恰当的学习策略、学习方法、学习态度，又及时地修正并收获很好的学习效果，切实提高了语言使用能力，符合新时期培养外语人才的根本需求。

第六章　新媒体时代下大学英语教学创新之多模态课堂教学设计与评价

多模态教学作为一种教学理论，主张利用网络、图片、角色扮演等多种渠道和多种教学手段来调动学生的多种感官协同运作参与语言学习，强调培养学生的多元读写能力。本章主要论述了多模态研究的理论基础、基于MAP的大学英语课堂教学设计原则、新媒体时代下大学英语多模态课堂设计、大学英语课堂教学评价等内容。

第一节　多模态研究的理论基础

一、模式、模态、多模态及其相互关系

（一）模式、模态、多模态的基本概念

1. 模式

模式是指有组织、有规律的表达和交流方式，不仅包括静止的图像、手势、姿势、言语、音乐、书写等基本形式，也包括由上述基本形式构成的新的形式，如视频会议。根据社会符号学，模式不仅指表达和交流信息的方式，也指传递信息的符号渠道。在系统功能语言学研究中，模式也用来指"话语模式"，即口头、书面、电子、身体动作等交流渠道。任何一种话语模式都是通过某一种媒体表现或者通过几种媒体协同表现的，采用不同媒体可以产生不同的交流模式，模式的使用和变化在一定程度上影响信息的流动和话语的特征。以教师讲课为例，教师可能一边播放讲义课件，一边口头讲

解,一边在黑板上补充板书,甚至配以动作示范,实际上同时使用了言语、手势、姿势、动作、板书、电子等多种交际模式。可见,模式的概念侧重于信息生产的过程和方式,是具有意义潜势的符号资源。

2. 模态

事物通过一定的方法所表现出来的属性或情形就是模态。在模态话语研究中,可以先从宏观入手,然后再细化为微观的符号系统。比如,课堂上学生的阅读行为,从感知通道角度分析,这是一种视觉模态,但从符号资源角度分析,它还可以细化为具有意义潜势的图、文两种模态。随着模态研究的深入,国内外学者从多角度界定和探讨模态,比如,根据表达媒体的性质,把模态划分为物质模态、感觉模态、时空模态和符号模态。

3. 多模态

多模态是指通过整合、编排或编织多种不同模式的符号资源而形成一个语篇。从人类感知通道的角度分析,多模态就是同时使用两种或两种以上的模态。人类生活在多模态的世界里,人们通常是运用多模态来感知和交流的。比如,学生在课堂上学习,一边听教师讲,一边看教师的动作演示和在黑板上的板书。值得注意的是,有些模态,按照感知模态的划分标准,只是一个单模态,但却涉及两种或两种以上的符号系统。也就是说,按照符号系统多少的划分标准,这些模态也是多模态的。比如,报纸上的一篇新闻报道只涉及视觉模态,但它既有报纸的特定版式、色彩、字体,又有新闻的图片和文字,所以我们常常把报纸视为多模态的一种形式。

(二)媒体、模式、模态的相互关系

1. 模式与模态的区别

目前,学术界对模式、模态两个术语的使用比较混乱。一方面,由于两个词在不同学科有不同的使用传统,很难在话语学研究中取得共识;另一方面,模式和模态在一定条件下会相互转化,比如,在课堂教学中,书面表达模式通常表现为语言(文字)模态,口语表达模式通常表现为言语(声音)模态,PPT既是表达信息的电子模式,也是一种模态组合。

从课堂多模态教学研究的实际出发,应该对模式、模态加以区分,以便准确把握课堂话语的主体特征、主体间性和教师的教学理念。因为模式强调的是信息传递者及信息的传递方式和意义潜势，重在输出；模态强调的是信息受体及信息的认知和解读的结果，重在输入。如果课堂上学生大部分时间仅通过听觉和视觉两种模态来进行学习，很少参与说、写和表演等学习交流模式，那就说明这是一节以教师为主导、缺乏交际互动的课堂。所以，一堂有效的语言课不仅需要学生运用视、听模态，还要求学生通过充分的口头、书面、电子、身体动作等交际模式，主动参与课堂话语建构，这样学生在课堂上经常是边听、边看、边写、边说、边演。听和看是学生作为信息接收者的主要模态，侧重于语言输入；而写（文字）、说（口语）、演（身体动作）却是学生的语言输出行为，是学生主动参与课堂话语建构的表现模式。在分析课堂教学话语时，不仅要分析学生作为信息受体的各种模态，还要分析学生作为传递信息主体的口头、书面、电子、身体动作等交流模式。这就要求话语研究者要动态地把握模式与模态之间的关系，既要从信息流动的角度把握模式和模态之间的转化关系，还要结合不同的语境，根据不同的模态划分标准去分析真实的课堂话语。

2. 媒体、模式、模态之间的关联

媒体、模式和模态三者之间主要体现为交流工具、交流渠道、交流结果的关系；同时，它们之间的关系通常比较模糊，相互交错，在一定的语境下，它们还会相互转化，有的模态既是媒体，也是一种交流模式。比如，教师在课堂上通过口头、书面、电子、身体动作四种模式组织教学；学生作为信息受体，在课堂上主要使用了听觉、视觉和动觉三种模态，或者按照社会符号学主要使用了语言（文字）、言语（声音）、副语言、肢体动作等模态；同时，在课堂上学生也是信息传递者，常常使用多种媒体手段，通过口头、书面、电子和身体动作等交流渠道，进行信息反馈和互动。比如，学生边听边写，听是学生作为信息接收者的模态，而写却是学生的一种再表达，应该归入模式。课堂上教师和学生所使用的媒体、模式、模态种类及其比例，能够反映一节课的话语结构，也能反映这节课的教学模式、教学方法甚至教学效果。

（三）英语课堂教学中的话语模式和模态系统

在英语课堂教学实践中，师生主体的话语模式包括许多，不仅包括口头与书面话语模式，还包括电子与身体动作话语模式等。在进行教学设计与评价的过程中，教师必须根据实际的教学活动使用不同的话语模式，同时还要注意不同模式之间的联合使用。其实，已经有大量的教学实践表明，相比使用一种话语模式，多种话语模式的联合使用反而能取得更好的效果。因此，在英语教学中，教师应该对不同的话语模式有清楚的了解，并在此基础上灵活组合不同的话语形式，从而使英语课堂因为融入了不同的话语模式而变得更富生机。

学生是课堂学习的主体，作为信息受体，学生在课堂上的主要模态及其使用频率能够反映甚至可以决定一节课的教学模式、教学方法、教学效果。

在大学英语课堂教学实践中，因为课型、教学对象、教师观念和教学模式等方面的不同，各种模式或模态发挥的作用也不尽相同，往往有主次之分。我们根据多模态研究的需要，把其中处于主导地位的模式称作"主模式"，而其他处于辅助地位的模式称作"辅模式"，辅模式对主模式起着强化、补充、调节等作用，各种模式协同实现课堂教学话语意义。同样地，我们也把模态分为主模态和辅模态。比如，英语写作课堂话语的主模态是通过书写模式呈现的文字模态，但也常需要通过视觉（阅读文字）、言语（口语表达）等辅模态强化输入，促进写作教学，即所谓的以读促写、以说促写的写作课堂教学方法。

二、话语、多模态话语与课堂话语

（一）话语、多模态话语、课堂话语的基本概念

1. 话语

话语是一个长期以来被十分广泛地以不同目的用于不同学科和思想流派的术语，不同学科对话语有不同的理解视角和研究方法。比如，在话语语言学中，话语是指能够完整地表达某种思想或意思的文字或语言，是比句子更大的语言单位。根据超语言学和符号学，话语指的是以表述为基础单位的活生生的言语整体。话语学界和系统功能语言学还常用"语篇"或

"文本"(text)指代话语的概念，不少学者同时使用text analysis和discourse analysis，而不做区分。话语、语篇、文本之间的关系本身也是一个非常复杂、颇有争议的问题，这不是本研究所要解决的问题，我们采用discourse这个话语语言学术语。

2. 多模态话语

多模态话语是相对于单模态话语而言的。根据话语涉及的模态数量，只有一种模态的话语是"单模态话语"，如广播仅涉及听觉（言语）模态，一份文字通知仅涉及视觉（语言）模态。同时涉及两种或两种以上模态的话语就是"多模态话语"。根据社会符号学，多模态话语是指在一个交流成品或交流活动中不同符号模态的混合体。换句话说，在一个特定的完整的话语中，不同的符号资源协同地构建意义，实现交际目的。通过整合模态的两个不同标准，我们把多模态话语定义为"运用听觉、视觉、触觉等多种感觉，通过语言、图像、声音、动作等多种手段和符号资源进行交际的现象"。

3. 课堂话语

课堂话语是教师与学生基于一定的目的、采用一定的手段而构建的话语。这里笔者要特别指出的是，英语课堂话语与一般性的课堂话语不一样，因为英语在英语课堂话语表达中不仅是一种交流手段，还是一种学习工具，反映了学生学习的目的。因此，在英语课堂话语中，能发挥主导作用的教学媒体、教学模式与教学模态从始至终都是语言和言语。在英语课堂教学中，主模态有两个，一个是文字，另一个是口语。除此之外，图像、教师的肢体动作等也都是英语课堂教学中的模态。

（二）大学英语课堂话语的多模态属性

随着现代信息技术的日新月异和人类交际模式的日趋多样化，话语的多模态现象日益显著，这就是话语的多模态化。话语的多模态化反映了媒体形式的多样性、人类活动的多维性、人脑结构的完备性和复杂性以及人类认知的多模态性。

在课堂教学话语中，话语的多模态化这一特征越发明显。尤其是在多媒体教学模式中，大学英语课堂话语的多模态属性更加突出。

在大学英语课堂中，教师需要把握新媒体发展规律，不断创新课堂媒体的新形式，从而使英语课堂话语变得更加丰富。借助模式、模态的比较研究，大学英语教师可完成课堂教学设计。

教师要觉醒，充分利用多媒体课件对学生的听觉、视觉等感官进行刺激，从而使学生的多模态学习获得保证，使学生的语言输入也能获得保证。

第二节　基于MAP的大学英语课堂教学设计原则

一、以3M为教学条件，彰显媒体间性，促进"教"与"学"

在计算机与大学英语课程的整合中，M代表着"三多"（即多媒体技术、多模式、多模态），是教学媒体要素在新媒体时代的重要表现，充分彰显了媒体间性的作用。基于MAP（Multimodal Apple Pie，或称"多模态苹果派"）的大学英语课堂教学设计要充分发掘媒体间性的作用，在充分发挥教师主导作用的同时，要真正体现学生的学习主体地位，最大限度地促进"教"和"学"。首先，教师要主动运用多媒体技术、多模式教学手段，丰富教学资源，创建数字化学习环境，改进课堂教学效果。其次，要充分发挥学生作为数字原住民的优势，引导学生有效利用良好的教学资源和数字化学习环境做好课前预习，并为学生课堂学习设计恰当的任务，让学生在各种学习活动中积极主动地学习新知识、新技能。

二、以PIE为整体原则，强化参与互动，追求有效教学

PIE代表productive（有效性）、interactive（互动性）、engaging（参与度）这三个原则，在MAP模型里，被视为一个整体原则。根据多媒体、多模式、多模态课堂教学的特征，以主体间性、媒体间性和文本间性的思想为引领，通过交互式教学，强化学生参与度，追求课堂教学的有效性。多媒体、多模式、多模态课堂教学并非等同于有效教学。在进行多媒体教学

的过程中，教师需要格外注意的一个问题就是课堂教学娱乐化。因为在进行多媒体教学的过程中，教师会运用图片、音频与视频等许多能刺激学生不同感官的材料，因此在学习过程中，学生的注意力可能无法始终集中在多媒体课件提供的知识上，而是集中在一些无关紧要的文字与色彩上。笔者必须指出的是，多媒体课件在英语教学中只是一种辅助性的手段，不能将其看作多媒体教学的重点。从近些年多媒体教学的实际发展情况来看，教师乱用多媒体课件的情况非常普遍，这让多媒体教学开始偏离正常的轨道，向着娱乐化的方向发展。多媒体课件在英语教学中有着自己的地位与作用，它不能取代教师在英语教学中的主导作用，也不能取代学生在学习活动中的主体地位。教学是一门不折不扣的艺术，但它绝对不是一种表演艺术。因此，在进行多媒体教学的过程中，教师必须对其可能出现的娱乐化情况予以警惕。

在教学实践中，的确存在部分教师无视教学目标、教学内容、教学规律和教学特点的现象。有的教师上课离不开多媒体，一旦出现停电等现象，这些教师就不知所措了，好像没有多媒体就不能照常上课了；有的学校担任同一门课程、同步教学的教师，统一使用事先准备好的千篇一律的PPT，在课堂教学中以屏显替代板书，一节课没有任何即兴的板书；有的教师甚至以展示多媒体课件替代口头讲授；有的简单地照"屏"宣科；有的教师在课件设计上越来越精美，追求"眼球效应"，却忽视了课堂上的教学互动；有的教师让学生以听录音替代课文朗读，教师陪学生观看视频材料占用了大量的课堂教学时间，只有简单、被动的输入，缺少教学互动和语言输出；有些教师为了追求课堂气氛的"生动"和"活跃"，却背离教学目标，大搞娱乐游戏和表演，表面上看，课堂气氛的确很活跃，学生笑声连连，但实际上并未实施有效教学。我们认为，有效性是大学英语课堂教学设计的重中之重。在充分发挥多媒体、多模式、多模态教学优势的同时，必须警惕课堂教学的娱乐化。强调教师主导地位和学生学习主体地位，突出互动式教学，这本身就是警惕课堂教学娱乐化的一种表现。

要实现有效教学的目标，笔者认为互动应是重中之重。对于所有的语言教学来说，互动性都是最为核心的一个原则。这里的互动不仅包括人际互动，也就是师生互动与生生互动，还包括人机互动。过去，人们对课堂互动形成了错误的认识，认为课堂互动就只是单纯的师生与生生互动，在当前信息技术被引入英语课堂教学之际，单一的人际互动已经无法满足教学与学生学习的需要，人机互动是一种必然。在英语课堂上，人际互动与人机互动的合理搭配，能促进各种模态之间的相互作用，从而使英语教师可以对多媒体课件形成正确的认识，避免滥用多媒体课件等不良情况的发生。同时，还能让英语教师坚持以人为本的理念，集中注意力突出学生的主体作用。教师在进行教学设计时，必须充分利用多媒体技术来促进多样的互动，不仅要利用多媒体技术加强人机互动，还要充分利用多媒体技术加强多模态语境下的人际互动。通常来说，多媒体教学条件不同，学习互动也要分清主次。如果教师是在网络平台上讲课，那么这时教师应该有意识地突出人机互动，而将人际互动推到辅助的位置上。教师应该积极地加强人机互动，充分利用多媒体技术，整合多样的英语教育资源，从而不断提升英语教学的质量。教师也要关注学生的训练情况，最好能与学生实现一对一的人际互动，如果无法实现，也能让学生以小组的形式与其开展互动。如果教师在一个普通的多媒体教室中授课，那么笔者认为人际互动应该成为主要的互动形式，人机互动反而要退居次位。

间性理论在英语教学改革中能发挥一定的作用，给英语教学改革提供必要的指导。这种指导可以体现在英语教学改革的不同方面，不仅可以体现在英语教学改革的教学资源、教学设计方面，还可以体现在英语教学改革的教学组织与教学评价等方面。

要实现有效教学的目标，激发学生的参与性分外重要。当前，大学英语教学依然采用的是大班授课的形式，这种活动形式很难提升学生的参与度，很难凸显学生的个性，因此在这样的授课模式之下，怎样将学生的中心地位确立并凸显出来，就成为大学英语课堂教学设计最为重要的问题之一。

要最大限度地确保学生可以积极参与英语教学活动，教师就应该最大限度地对教室的教学设备进行充分利用，最好可以拓展教学任务的范围，使教学任务从课堂延伸到课外。另外，教师不能过于重视学生的个体学习，应该重视学生的协作学习，重视学生合作能力的培养。

三、以APPLE为要素，加强教学设计，实施多模态教学

基于MAP的教学设计主要是利用多媒体、多模式、多模态教学优势，把PIE整体性原则贯穿于课堂教学组织的APPLE设计中。APPLE的教学设计以间性理论、社会建构主义学习理论、输出驱动假设、多媒体学习认知理论、情境认知理论等为指导，突出教学设计的整体性、教学主体的互动性、教学的多模态化和跨文化性。APPLE代表五个教学环节或者教学组织形式，它们之间相互支撑，根据教学内容和对象，每节课的设计在五个方面可有所侧重，可以重新组合或者取舍。下面结合大学英语多模态课堂教学实践，对APPLE设计思路和要点做简要介绍。

（一）A（Activation）：课堂导入

在不同的教学模式、教学内容、教学目标、教学条件下，教师采取的课堂导入方式都会不同。例如，在翻转课堂教学模式中，课堂导入的前提是学生课前进行充分的预习和反馈。学生通过预习教材、观看教材光盘，了解本节教学目标，在对预习中存在的问题进行反思的基础上，通过E-mail、QQ、微信或课程论坛等，向教师反馈问题。教师及时整理学生反馈的问题，针对性地准备授课方案和教学资料，修订基于师生互动的教学计划。

在课堂导入中，教师要对学生产生误解的根源进行剖析，并能自觉地让学生利用自己的所学去发现与解决问题。很明显，这是一种讲究互动的教学模式，但是对于已经习惯了传统教学模式的教师来说，其还是要面对一些挑战，需要慢慢适应，需要对各种新的教育技术与资源进行了解与掌握。在进行课堂导入时，教师常常采用的方法就是"对话—问答法"，教师会事先整理好一些问题，用这些问题提问学生，或者让学生以小组为单位就相关问题进行探讨。学生在课前完成了预习，在课中又跟同学进行了讨论，经过这两个步骤，学生的知识潜能将能被激发出来。

课堂导入是实施新课教学的重要手段，旨在激活旧知识，联结新知识、新技能，导入的方法可以是问答法，也可以是小组活动法、情景法、视听法、背景知识导入法等。但不管采取什么样的导入方法，都要充分体现教师的主导作用和学生的中心地位，都应当充分利用多媒体、多模式、

多模态的作用，确保课堂导入的效果。

（二）P（Presentation）：信息呈现

这是讲授新课的环节，演示主体既可以是教师，也可以是学生或学习小组。教师根据教学内容，可以有计划地选择部分教学内容，提前以小组合作项目的方式分配给学习小组准备，重视以学生和学习小组为主体的课堂展示与交流。为了保证学生（或学习小组）演示新课内容的效果，要求学生使用PPT等电子文档，并要求学习小组选派成员做好演示和解说脚本的准备工作，必要的情况下，教师可以参与学习小组的准备工作并对小组汇报的PPT进行把关。在教授新课的过程中，教师要特别注意教学媒体的选用，要注意新课教授模式的选择，要尽量保证教学媒体手段与新课讲授模式的多样性。这样，以计算机为演示工具的多模态教学的优势就被揭示了出来，同时学生也能充分利用不同的交流模式进行积极的语言学习。

（三）P（Peer learning）：同伴学习

在新课讲授完毕之后就要进入同伴学习环节。实现同伴学习的方式是多种多样的，可以通过结对、小组的形式实现，也可以通过角色扮演、讨论的形式实现。同伴学习的过程是学生彼此之间进行交互的过程，同时，学生的合作精神还能得到有效的培养。

同伴学习是MAP课堂教学模式中学生中心地位的重要体现，在课堂中占据的时间比例一般比较大，正因如此，教师的课堂设计就更加重要。教师必须围绕课堂教学目标，结合相关生活或工作场景，设计充足的教学任务，并组织学生试着运用所学知识和技能于不同的活动方式中。

（四）L（Learning reinforcement）：学习强化

同伴学习和学习强化是一节课的核心。同伴学习和学习强化之间的界限有时候是很难划清的。学习强化是在同伴学习的基础上，通过进一步的教学任务和教学活动，使学生强化所学知识和技能。学习强化教学环节与同伴学习教学环节的手段、方法可以是相同的，比如，两个阶段都是通过pairwork或者groupwork，但两个环节的教学任务应当区别性进行设计。同伴学习环节的任务应尽量简单些，以模仿性、单一性应用所学知识和技能为主，而学习强化阶段的任务就要相对复杂些、系统些，与真实的生活或工作语境更贴近些。

（五）E（Evaluation）：学习评价

学习评价既指课堂教学的一个环节或者学生课后的自我评价活动，也指教师在教学过程中的形成性评价。学生既可以对照教学目标进行自我评价，也可以由教师、同伴对其评价，多种评价主体能让学生评价结果更具全面性与科学性。

四、倡导社团实践，加强课外学习，创新学习文化

在多媒体教学模式中，学生的"单打独斗"并不能取得很好的学习效果，协作学习反而成为强化学生学习效果的有力方法。社团实践就是学生实现协作学习目标的活动，通过这一活动，学生可以进一步提高其自主学习能力。经过必要的梳理，笔者认为社团实践的学习理念应该包括以下几个方面的内容。

（1）自然学习。充分利用大学英语各类学习资源和在线互动平台，倡导生态化的学习交流活动，组织学生开展真实的、有意义的语言学习与交流。

（2）社会学习。结合社会发展需求，加强ESP应用型课程建设和学习，培养学生适应未来社会生存和发展的外语文化素养和应用能力。

（3）情境学习。通过与社会文化环境的交互，特别是通过参与式交互，培育学生的多元文化素养、思辨能力，更好地适应未来生活、工作的需求。

（4）动态参与。根据主体间性理论，一方面要加强师生互动，推动师生两个主体主动参与各社团实践，丰富学校外语文化；另一方面要重视学生主体能动性，培养学生的社会责任感和伦理道德，引导其担负起社区的义务，成为有益的社区贡献者。例如，学生通过小组协作，调查研究当地涉外旅游中存在的标志语不规范问题，运用自己的英语优势和跨文化素养，纠正旅游标志语或广告中的错误，或者撰写推动本地涉外旅游文化可持续发展的研究报告，供旅游主管部门决策参考。

影响大学英语教学改革的因素有很多，其中一个不容忽视的因素就是教师，如果要确保英语教学改革的进度与效果，笔者认为必须充分调动教师的积极性。教师在专业知识掌握的丰富程度上可能要比学生高，但如果从信息技术层面来看，现在的大学生多为00后，他们是与互联网一起成长起来的，与英语教师相比，他们所掌握的信息技术知识可能会更加丰富。因此，相对来说，英语教师的信息素养其实并不高，这就给其参与多模态教学改革带来了困难。

第三节　新媒体时代下大学英语多模态课堂设计

新媒体时代下，大学英语多模态课堂设计重视课堂教学环节，但不拘泥于传统的教学环节，充分吸收第二代教学设计理论中教学设计的E3原则及其提出的展示论证新知原理、尝试应用新知原理、聚焦完整任务原理、激活相关旧知原理、融会贯通掌握原理五项首要教学原理，综合运用间性理论、多媒体认知学习理论、输出驱动—输入促成假设等理论，探索有效的大学英语课堂教学模式。

教学设计是课堂教学成功的基础。大学英语课堂教学设计应该遵循教育学、心理学和语言教学的规律，其任务是根据大学英语教学要求、标准及学生学习实际，合理把握教学观念、教学模式、教学技术、教学技巧等因素，对教学目标、教学内容、时间安排、教学方法、课堂组织、教学媒体、学习活动和学习评价等做出明确的规划与设计。

根据MAP原则模型及其应用于大学英语课堂教学设计应当遵循的教学原则，我们以中原工学院大学英语精读课（上海外语教育出版社《大学英语精读》第三版）为例，介绍MAP原则模型在大学英语课堂教学设计中的应用。中原工学院非英语专业本科学生基础阶段大学英语课程开设四个学期，课程代号按照学期分为大学英语（一）、大学英语（二）、大学英语（三）和大学英语（四）；每个学期四个学分，每周四个学时；教材包括《大学英语精读》和《大学英语视听说》；按照读写综合课、视听说课

▶ 新媒体时代下的大学英语教学方法创新探索

两种课型授课，读写综合课每两周上六个学时、视听说课每两周上两个学时。读写综合课使用《大学英语精读》教材授课，以读写译教学为主，也适当结合听说，属于大学英语综合技能课。通常情况下，《大学英语精读》教材每个单元需要六个学时。这里的两个教案选例是《大学英语精读》第二册Unit5和第四册Unit2两个单元中的一小节，每个单元计划讲授六个学时，选例分别是每个单元授课的第一小节（一个学时）。

作为一个单元（六个学时）的第一节课，本节课的核心任务是新课导入和课文初步学习。下面将要介绍的案例是中原工学院两名青年骨干教师的备课教案。两位教师在本节课的教学设计中，综合运用了游戏导入法、问答法、活动法、视听训练法和情景导入法等多种教学方法，并结合本节课的教学任务特点，恰当地运用多媒体教学、多模式信息呈现和表达渠道，调动学生多模态学习认知。

为了使教学设计规范化，我们在大学英语多模态课堂设计实践中，要求课题组成员在教学过程中按照"MAP课堂教学设计表"制作教案。"MAP课堂教学设计表"不仅包含常规教案的要件，如章节、课时、教学目的、教学重难点、教学过程、教学评价，还要求课题组教师在教案中明确本节课的MAP设计要点，并在教学过程的完整设计中，根据每部分设计重点，酌情注释"MAP要素"并做必要的MAP设计分析。

MAP要素：A（课堂导入）。游戏表演法：互动、参与设计课堂游戏活动，让部分学生做动作，模仿出喜欢的动物和该动物发出的声音，让其他同学猜测，这样既容易做到，又轻松愉快有趣。然后教师把动物名称写下来，继续下面的教学活动。

MAP要素：P（多模态信息呈现）。小组汇报：师生互动作为学生课前预习的任务，这里教师以提问方式或者学生汇报方式呈现信息，然后教师进行概括，并引导学生掌握语篇结构特征。

MAP要素：教学流程遵循P（信息呈现+同伴学习）；3M选择；PPT+学生口头表述。同伴/小组活动教学法、问答法、讲评法：为了提高单位时间内的信息输出，教师可通过PPT制成填表式训练，要求学生先口述，然后通过"点击"显示并评价；为了加强学生合作，要求学生组成对子或者小组讨论总结。

MAP要素：L（学习强化）；视听结合法（双模态学习认知）；强化练习；有效性原则（通过多模态学习、小组讨论等方式，强化和巩固学习成果）。

讲评：可以通过回放PPT中Steps3&4部分的相关构图，对课文主旨进行总结概括，并对学生参与课堂学习活动的情况进行简要点评。

MAP要素：A（课堂导入）。多模态（图片、视频）信息呈现、视图问答法、主题导入法让学生观看图片和视频了解我们美丽的家园"地球"：近年来她正遭受苦难，全球正在变暖，这种现象已严重地影响了我们的生活；通过问题讨论自然地引入主题。

MAP要素：P（信息呈现）+P（同伴学习）。视听法、任务法：师生互动、学生参与，可先让学生从课文中找出相关内容，再通过PPT展示，深化他们对全球变暖危害性的认识。

MAP要素：P（同伴学习）+L（学习强化）。多模态教学（Flash动画、视频）、任务表演法：Flash动画的播放，使原因更直观，学生更易于理解课文内容，也加深了学生的印象。

MAP要素：L（学习强化）。任务教学法：通过对全文内容的回顾，进一步强调本文作为议论文的典型写作结构，使学生对该类型文章结构一目了然，有利于今后的写作练习。

MAP要素：P（同伴学习）+L（学习强化任务教学法）。强化训练要求学生以pair或group为形式，从课文中挑选出倒装句，讨论和总结倒装结构特点；教师进行评价强调，并组织学生进行强化训练，使学生复习巩固所学知识。

MAP要素：P（信息呈现）+E（学习评价）。任务教学法：通过图片展示课文内容，让学生对图片进行描述，从而进一步熟悉课文内容，并锻炼学生的口头表达能力；通过布置写作练习，有利于学生对本文所学议论文典型结构的掌握。

上述两个教学设计案例是中原工学院两名青年骨干教师在参与全国教育科学规划大学外语教育研究专项课题"大学英语多模态课堂教学研究"

过程中设计的教案。该课题组坚持"教学改革、教育科学研究、教师专业发展一体化"的工作思路，不仅要求课题组成员加强学习与研究，而且要求大家在自身教学中积极探索大学英语多媒体、多模式、多模态的教学改革。要求成员在编写教案时补充说明MAP要素及设计思路，就是课题组的重要举措之一。

第四节　大学英语课堂教学评价

一、大学英语课堂教学评价的意义和功能

课堂教学评价是提升高等学校教育质量的重要手段，而课堂教学评价标准的确定又是实施课堂教学评价的关键环节。绝大多数学校没有制订适合英语教学的课堂评价标准，评价指标通常集中在教师的"教"方面，而对学生的"学"关注不够。大学英语课堂教学评价应当根据高校大学英语教学要求、教学规律、教学原则及课堂教学目标，运用科学的评价技术、手段和方法，对教师课堂教学效果和课堂教学目标的实现程度做出价值上的判断。高校大学英语课堂教学的评价标准应突出大学英语的课程特性，应当科学、有效地实施教师课堂教学评价，促进教师专业发展，提高大学英语教育教学质量。

传统的课堂教学评价通常以校方主导的教学督察为主，以学生学期对教师课堂教学的总体评价为辅，评价结果将作为教师评先评优、职称晋升等的重要参考。针对某一节课的教学评价，评价主体多为领导和同行教师，评价对象为教师及其课堂教学。在大学英语教育教学深化改革的背景下，大学英语教学部门越来越重视师资队伍建设，把日常课堂教学听课评课制度化，把讲课观摩比赛常规化，不断加强教师专业发展，改革教学模式，改进教学效果。

大学英语课堂教学评价具有评定、改进、激励等功能。科学的评价能帮助教师认清自己，对自己的教学有清楚地把握，进而可以判断自己是否

能在英语教学改革中发挥积极作用。笔者认为英语课堂教学评价所发挥的积极作用还可以从以下几个方面表现出来：第一，让教师对学生的英语学习情况有全面的掌控，进而能判断学生的英语学习是否已经达成了英语教学的目标；第二，能提高教师教学设计的意识，能帮助教师积累大量的教学经验，使其可以在后续教学中更好地开展教学活动。

二、基于MAP的大学英语课堂教学评价

从不同的视角出发，评价一节课是否成功的标准各不相同，评价要素也各不相同。针对不同的评价标准以及不同的评价主体，可以采取灵活多样的评价活动。下面结合大学英语多模态课堂教学评价中的实践和体会，根据MAP总体原则和特点，简要分析大学英语多模态课堂教学评价的要素和指标。

（一）大学英语多模态课堂教学评价要素

开展课堂教学有效性评价工作，必须从教学系统四要素及其相互关系出发，特别要从大学英语多模态课堂教学实际出发。与常规课堂相比，大学英语多模态课堂教学是ICT教学技术与大学英语课程的整合、融合，它遵循"教师主导，学生主体"的教学结构，采用"自主、探究、合作"的教学方式，为学生构建一个新型的学习环境。所以，评价大学英语多模态课堂教学的效果，不能只停留在传统课堂教学评价的层次，必须充分考察教学媒体的重要作用，从信息技术与课堂教学整合的视角来看待。

根据MAP原则模型关于大学英语多模态课堂教学设计的原则和特点，我们认为，对一节课的教学评价，应当站在主体间性的哲学高度，从教师、学生两大要素出发，将教学内容和教学媒体的评价分别融入教师、学生两大要素的评价之中。

1. 教师要素的评价

教师作为课堂"教"的主体，是课堂教学的设计者、实施者和组织者。在以教师授课为主的教学环节，教师是信息的载体，通过各种途径、方法向学生源源不断地输送着知识信息、语言信息、思想信息、心理信息

和学习认知策略信息；在以学生为中心的学习活动中，教师是有力的组织者、参与者和促进者，通过有效的教学任务设计和课堂组织，助力学生积极主动地探索知识，提升学习技能，培养学生的合作意识和思维能力。在整个教学过程中，教师的信息素养很大程度上决定着教师对教学媒体的使用和对教学模式的改革，决定着教师主导作用的高下，也决定着学生主体地位的落实和效果。

课堂教学的质量取决于教师的专业水平、教学水平、教学风格以及品行情操等诸多因素，取决于教师的信息素养及其对媒体间性的综合运用效果。评价体系、评价标准以及评价主体不同，就会有完全不同的评价结果。课堂教学评价具有很大的主观性，但是我们可以通过分析教师所设计的教学流程和教学活动，分析教师所采用的教学手段及其在整个课堂教学过程中所扮演的角色和表现，比较客观地了解教师是否完成了教学目标任务，判断教学效果是否理想。

2. 学生要素的评价

在课堂教学评价中，不但要考查教师的教学设计、教学组织和行为表现，还要评价学生通过教学所发生的变化及取得的进步，特别是要考查以学生为中心的学习活动、学习方式、学习效果。结合MAP原则模型关于多媒体、多模式、多模态课堂教学的原理，应当侧重于学生运用多媒体学习的模式（语言输出）和表现。

在以教师为主导、以学生为中心的"学"的活动中，学生是学习的真正主体。学生通过运用各种媒介和交流模式，独立完成或以同伴、小组等不同方式参与完成教师所设计的教学活动，学习语言知识，强化语言技能，提升跨文化素养和思维意识。针对学生主体的课堂教学评价，要考查学生的学习表现，如学习动机、学习中心地位、学生参与度、自主学习能力与协作意识、批判意识，并通过对上述诸因素的分析，了解学生的学习效果，考查学生自身对课堂教学效果的反思与评价。

（二）大学英语多模态课堂教学评价指标

基于教师、学生两个主体的评价，能将教学系统的四大要素揭示出来，也能将它们彼此之间的关系揭示出来。更为重要的是，能帮助教师对课堂教学进行客观观察，从而保证了课堂教学评价的客观性与科学性。

笔者认为大学英语多模态课堂教学指标体系应该包括以下几个部分的内容：

1. 教学目标

（1）教学目标是否具体、明确。

（2）教学目标是否符合教学大纲、教材和学生的实际。

（3）课堂教学的进程是否来自并服务于教学目标。

（4）教学重点是否突出，教学难点处理是否得当，是否有助于完成教学目标。

2. 教学态度

（1）教师备课是否充分。

（2）课堂上，教师的精神是否饱满，讲课是否富有激情和感染力。

（3）教师的责任心是否强，治学是否严谨，是否能够教书育人。

3. 教学内容

（1）教学内容是否具有科学性、启发性。

（2）教学内容是否充实。

（3）教学内容的深度、广度是否得当。

（4）教学内容是否能够认真落实教学计划。

（5）教学内容是否符合教学大纲，紧扣教材。

（6）教学内容是否联系实际，突出重点。

4. 教学环节与方法

（1）教学环节安排是否合理，时间分配是否得当。

（2）教学活动任务是否明确，课堂组织是否得力。

（3）是否尊重外语学习认知规律，引导学生充分利用口头、书面、身体动作等交流模式强化语言输出。

（4）是否突出师生之间、学生之间的交互。

（5）是否关注学生参与度，注重交互效果。

（6）教学方法是否灵活多样，紧扣教学目标和教学任务。

5. 教学媒体及效果

（1）是否有板书，板书是否整洁、精练、清晰、布局合理。

（2）教学语言是否准确、生动、清晰、简练、逻辑性强。

（3）教态是否自然，面部表情是否丰富，语气是否有亲和力。

（4）音质是否独特，语音、语调和节奏是否富有感染力。

（5）教具和演示是否形式多样，运用是否合理。

（6）课件是否直观、形象、有趣，演示是否恰当、适度，是否利于突出重点、分散难点。

（7）媒体、模式搭配是否科学、合理，是否有利于多模态认知和学习。

（三）以教师行动研究为驱动的听课、评课活动

新媒体时代背景下，教学媒体在教学系统四要素中的地位和作用毋庸置疑。但是，我们绝对不能陷入技术决定论的陷阱，因为媒体间性必须以主体间性为主导，表面上的技术主导事实上是以主体参与为前提的主导，是主体间性与媒体间性的融合所呈现出来的客观教学现象。因为真正能给教学带来变革的，不是技术，而是先进的教学理念和方法。因此，在基于计算机与课堂的大学英语课程教学环境下，我们听课、评课不能只关注媒体使用的多少、多媒体使用时间的长短、话语模式的多寡、模态搭配的好坏，更要关注教学理念与方法是否合理，是否取得效果。在教师专业发展中，教师一定要把握住以促进"教"与"学"为根本宗旨的听课、评课原则，树立正确的听课、评课观念，心中始终装着学生，关注教学的效果。

听课、评课的真正目的在于促进和提高。通过观摩同行授课或者调查学生对自己课堂教学的评价意见，通过自己评价其他人的课或者通过参与教学竞赛、观摩讲评等活动，进行深入的反思和研究，重点分析同行在教学过程中所表现出的教学观念、教学策略和智慧。通过丰富多彩的听课、评课活动，教师可以不断更新教育教学观念，不断丰富教学个性和风格，不断吸收同行的优秀理念、模式与方法，以便在研究中行动，在行动中研究，进而不断促进自己的专业发展。

同行听课、评课是教师行动研究的一种重要途径。在听课过程中，听课者应当做好观察与记录。当然，观察什么，记录什么，取决于听课的目

第六章 新媒体时代下大学英语教学创新之多模态课堂教学设计与评价

的及听课者的听课观念、态度和素养。

假若听课的目的是观摩和学习一位优秀教师的教学风格和教学方法，那么观察和记录的焦点就应当放在执教者身上，认真观察他的动作、表情、语态、教姿，观察他是如何设计和组织课堂教学活动的，观察他是如何调动学生积极性和主动性的，分析其设计的问题或任务是如何培养学生思维能力和协作意识的，并及时记下自己的所见、所感、所思、所得。课堂教学时间是有限的，听课教师要充分运用表格、教学流程图、思维导图等方式，使用关键词或者简练的句子记录，特别是记录自己对执教者教学优缺点的认知，反思观察现象背后的理念、模式和方法对自己的启发与借鉴之处。

假若听课的目的是通过观察课堂事件来发掘学生的参与度和教学效果，那么观察和记录的焦点就应当放在学生身上，也就是说，要通过观察学生在课堂上的活动方式、学习内容和效果，分析学生的主体地位、课堂参与度和学习效果。这就要求透过课堂事件看本质，课堂事件类型不同，课堂话语的主体、内容、模式及风格就不同，课堂的教学效果也会截然不同。如果课堂上教师"满堂灌"，那么本节课的课堂事件主要是"教师讲课"，学生的参与方式主要是聆听，在这样的课堂中，学生的参与度和教学效果通常不会高。但若教师采用任务型教学，让学生根据所学课文，分小组进行角色扮演活动，那么在这样的课堂事件中，话语的主体是学生，话语的内容是刚刚学习的课文，话语的模式是表演，因而学生的参与度是很高的，学习效果也是不言而喻的。因此，假若听课的目的是评价学生的参与度，我们就必须重点观察以学生为主体的课堂事件，详细记录每个课堂事件的主体、内容、方式、效果等细节，并根据课堂事件的类型，做好课堂话语分析，把握课堂教学的本质特征。

假若听课的目的是考查学生课堂参与度，那么观察和记录的焦点就应当放在教师、学生主体及其运用各种教学媒体进行交流的话语量上。通过统计和分析课堂教学中的话语量，即单位时间内说话的总量，可以分析课堂话语的主体分布以及话语模式的比重和类型，并以此判定学生的课堂参与度。通过统计和分析教师和学生的话语量，可以很明显地看出师生的话语比重，确定学生主体地位的实施情况。通过统计和分析师生不同的话语模式所占的比重，特别是通过观察分析课堂的主体话语模式，可以更加准确地分析学生的参与度，判断课堂的教学效果。话语量分布是检验课堂实际质量的最有效的指标。在传统课堂教学中，课堂话语量的分布明显地表现出教师的话语过多，教师习惯"满堂灌"，较少考虑学生的反应，学生基本上没有表达的机会，学生参与度过低，这样的课堂教学势必妨害学习的主体性和有效性。

听课不是目的，听课后的交流才是听课的实质意义所在。听课后的交流通常被称为评课，评课不仅包括执教者的自评，也包括听课同行的观点表达和咨询指导。这里的"评"不仅是评价，更重要的是交流。因此，首先要请执教的教师进行自评。目前，我国高校所开展的教学督导活动中，由于听课、评课主体的不对称性，评课往往被视为督导专家指导青年教师的途径。但是，由于教学观念、教学领域、教学经历等多方面存在差异，督导专家不能总是以专家自居，而要注意倾听青年教师的自我评价，通过交流互动促进青年教师专业发展。开展教师自评时，教师可以谈自己对教学目标的定位及其与整个单元目标或学科目标的关系的理解，也可以谈自己对教学重点、难点的处理方式，以及学生课堂表现与教师最初设计之间的差距等。教师自评之后就进入了实质上的评课阶段。评课者可以从评课标准、教师理念、学习目标达成等角度，清楚明确地阐述自己的观点和立场，不仅要评价课堂设计、教学环节、教态表现等显性活动，更主要的是剖析课堂事件所体现出来的教学理念、教法和学法，引导执教者本人及其他一同听课的教师深入反思，养成在行动中研究、在研究中行动的习惯，不断积累经验，把实践探究与理论创新有机结合起来，实现感性体验与理性思考的有机融合，把每一次听课、评课活动都转化为一次集体智慧碰撞和个人专业成长的机会。

听课、评课活动是对教师行动研究的重要途径，其最终目的在于不断从听课、评课活动中吸收营养，改进自我行动。听课、评课后的创造性应用与实践，对于执教教师和观摩听课教师都具有重要的意义。教师是一个在实践中学习、实践中反思、实践中成长的专业群体，由外而内的意义

第六章 新媒体时代下大学英语教学创新之多模态课堂教学设计与评价

建构对于教师的专业发展来说是必经的过程。经过听课后的认真思考以及评课的同行交流，教师可以在以后的教学实践中结合自身的理解、风格、特点等，对于听课、评课中的收获进行创造性的改造、应用，并进一步反思、再探索、再体验、再研究，以此类推，不断提高。通过听课、评课活动，教师能够获得不同的思想交流、不同的观点碰撞、不同的经验分享和不同的设计借鉴，这些都是难得的学习资源和成长借鉴。

第七章　新媒体时代下大学英语课堂的生态学重构

随着教育改革的不断推进，生态课堂的理念受到人们广泛的关注与重视。本章首先分析了大学英语课堂的生态学研究的相关基础性知识，其次进一步论述了新媒体时代大学英语课堂的失衡表现，最后阐述了新媒体时代大学英语课堂生态学重构要点等内容。

第一节　大学英语课堂的生态学研究

一、大学英语课堂生态学研究的理论基础

（一）生态学

生态学是人们在认识自然界的过程中逐渐发展起来的，人们将生态学的发展大致分为四个时期：生态学的萌芽时期、生态学的建立时期、生态学的巩固时期和现代生态学时期。

随着科学技术的不断发展以及科学研究方向的不断细化和分化，生态学在自然科学领域内经过了六次飞跃，也产生了几十门分支学科。

第一次飞跃是将生态内容渗透到整个生物学中去，出现了生物生态学、动物生态学、植物生态学、微生物生态学、细胞生态学、基因生态学、遗传生态学等，从而推动了整个生物科学的发展。

第二次飞跃是与环境条件相结合，形成了海洋生态学、陆地生态学、河口生态学、湖沼生态学、土壤生态学等，从而深化了人们对各种生态环

境的认识。

第三次飞跃是由于工业革命的盛行，新科学和新技术给工农业生产带来了巨大的改变，生态学的理论和方法也开始渗透到生产科学中，形成了农业生态学、草场生态学、森林生态学、自然资源保育学、古生态学、污染生态学、放射线生态学等，这为农、林、牧业及工业生产和人类的健康幸福做出了贡献。

第四次飞跃是在20世纪50年代后，生态学吸收了数学、物理、化学工程技术科学的研究成果，向精确定量方向前进并形成了自己的理论体系。这样生态学就渗透到了整个自然科学领域中，从而产生了数学生态学、物理生态学、化学生态学、地理生态学、生态气象学等。数理化方法、精密灵敏的仪器和电子计算机的应用，使生态学工作者有可能更广泛、深入地探索生物与环境之间相互作用的物质基础，对复杂的生态现象进行定量分析，进一步完善了生态学理论体系。

第五次飞跃是由生态学研究水平上的分化、发展和完善而产生的，按层次划分，其先分为个体生态学、群体生态学。随后，群体生态学又划分为种群生态学、群落生态学、生态系统生态学。同时，外在的研究逐步深入内在，从而形成生理生态学。

第六次飞跃可以被认为是质的飞跃，它跨越了自然科学与社会科学之间的鸿沟，与一些社会科学交叉渗透，从而产生了人类生态学、人口生态学、社会生态学、经济生态学乃至教育生态学。当生态学与教育学相融合而产生教育生态学的理念后，其为后期的生态教育、可持续发展观念的产生与发展都奠定了非常重要的理论基础。

（二）教育生态学

当生态学与教育学相融合后，渐渐地就产生了教育生态学。教育生态学的产生是生态学几经发展后的产物，可谓是生态学最有意义的延伸。教育生态学是教育学与生态学相互交叉的一门边缘学科。它融合了教育学与生态学的相关理论和研究方法。当然，作为一门独立存在的学科，教育生态学不可能仅仅是教育学和生态学这两门学科的简单叠加，它有自己的研究对象和任务以及基本原理和方法。我国的教育生态学研究起步较晚，20

世纪80年代才稍有起色。实际上,无论研究角度和方法有多大不同,教育生态学里面的一些基本理论都包括如下几个方面:

1. 教育生态学的定义和研究对象

(1)教育生态学的定义。教育生态学是依据生态学的原理研究各种教育现象及其成因,进而掌握教育发展的规律,揭示教育的发展趋势和方向。概括地说,教育生态学是研究教育及其周围生态环境之间相互作用的规律和机理的一门学科。这里所提到的周围生态环境包括自然环境、社会环境、规范环境等在内的综合环境,即我们所说的教育的复合生态环境。自然环境又可以称为物理环境,社会环境又可以称为结构环境,规范环境又可以称为价值环境,它们又包含气候、温度、氛围、人口、文化、经济、教育资源等环境要素,这些要素我们统称为环境生态因子。学者研究较多的也是从各个生态因子入手,探讨不同的生态因子与教育的关系以及它们对于教育的影响和作用。目前较为成熟的成果和观点有人口、文化、教育资源、学校分布、班级环境等与教育生态的关系。

(2)教育生态学的研究对象。从教育生态学的定义中可以看出,教育生态学的研究对象不仅仅是教育现象和问题,也不仅限于周围的生态环境,它是把教育与生态环境联系起来,并以其相互关系及其作用机理作为研究的对象。

2. 教育生态学的基本原理

教育生态学属于生态学的一个分支。生态学的基本原理有胜汰原理(优胜劣汰)、拓适原理(拓展适应)、生克原理(相生相克)、反馈原理(正负反馈)、乘补原理(相乘相补)、瓶颈原理(S形增长)、循环原理(循环再生)、主导性和多样性原理(主导性产品和多元化结构)、生态发展原理(系统发展和功能完善的过程)、机巧原理(机遇和巧合)。这些原理可以概括为能量、物质、信息的交流、联系、共生的原理。其实总的思想即为生态系统和生态平衡,实现可持续的发展。将上述原理延伸到教育生态学中可以总结出教育生态学的几大基本原理。

(1)限制因子定律。影响教育发展的因素有很多种,如教师的水平和素质、学生的身体素质、班级氛围等,也就是生态因子。每个生态因子在一个确定的生态系统中都有一个范围阈值与之相适应，不能超标，也不能低于某一个下限值，否则都会影响整个系统的发展。这就是限制因子定律。在教育生态学里，最重要的限制因子是能量流和信息流。人作为具有主观能动性的生物，精神的力量可以部分地转为能量和物质，这不仅对限制因子的作用具有适应机制，而且可以主动地创造条件，积极反馈调节，变限制因子为非限制因子。

（2）耐度定律和最适度原则。生态因子对于教育生态中核心要素——人的刺激和作用有最小值、最大值和最适度值。人们认为生物体对于某一生态因子可能只有很窄的忍耐范围。这个范围就被称为"度"，达不到或者超过这个度就会产生不利的或者相反的影响。教育的群体生态系统更要符合耐度定律，将各要素控制在一定的范围之内。当然，如果能达到"最适度"即为最好，在这个最大值、最小值的度中有个最适度值。最适度的"度"即为生态因子质和量的统一，也就是教育生态因子的影响和受教育者的承受力之间彼此作用、协调发展的结果。教育和教学都要贯彻好最适度原则。

（3）花盆效应。花盆效应又可以称为"局部生境效应"，长在花盆里的花虽然在主人的精心照顾之下开放得异常美丽，但是如果失去了照顾，没有了人工创造的优良环境条件，这些花就会忍受不住高温和严寒的考验，用一句话形象地概括即为温室里的花朵经不起外面的风吹雨打。类比到教育生态学里，尤其是在家长和儿童的亲和关系里，这种现象表现得尤为突出。一种现象是人为地限制局部生境，另一种就是人为地制造局部生境。花盆效应就是提醒人们要彻底摒弃封闭式教育，要建立一个开放性的生态教育系统，让师生接触自然，了解社会。

（4）教育生态位原理。在生态学里，生态位主要是指生物群落外部和内部关系的基础。在教育生态学里，处于同一生态位的群体之间会产生竞争，人们要运用生态位原理处理好竞争中出现的问题以及教育系统外部资源开发和利用的问题。此外，人们研究较多的还有教育生态的整体效应、边缘效应、教育生态链法则、群体动力和教育节律等基本原理。

二、大学英语课堂的生态性论证

在研究大学课堂生态时可以从不同的学科入手，可以从生态学的角度入手，也可以从系统科学的角度入手，而两种涉及不同学科的研究就是一种跨学科研究。要达成跨学科研究的目标，笔者认为就应该进行类比论证。这里的类比论证是一种论证方法，就是将已知事物与其相类似的方法进行比较类推。这一方法的使用是有一定的前提条件的，这里的前提条件指的就是不同事物之间要具有"相同特点"。也就是说，研究大学英语课堂生态需要先研究大学英语课堂的生态性特征，然后在这个基础上对大学英语课堂中的生态学与系统科学理论的应用进行研究。倘若将大学英语课堂具有生态性，且是一种生态系统作为类比假设的点，笔者认为以下三点都可以作为建设的支撑点：

第一，生态学与系统科学的特性能帮助人们从生态视野出发对大学英语课堂进行系统性研究，前者的特性为包容性，后者的特性为横断性。

第二，不少学者都从生态事业出发对课堂教学进行了不同层次的研究，研究成果颇为丰富。

第三，作为一种生态系统，大学英语课堂也具有与生态系统一样的基本结构与功能。

（一）生态学的包容性和系统科学的横断性

生态学是一门十分包容的学科，它从其他学科中引入了不少概念、理论与方法，这为解决各种学科问题奠定了扎实的基础。在当今新媒体时代，生态学的原有框架被打破了，它已经成为一种横跨不同学科的学科。其中，生态学与教育学在一定程度上实现了融合，二者的融合结果为教育生态学的形成，这是一门充分利用生态学与教育学的基础理论对教育问题进行分析与研究的学科。教学活动包括许多环节，课堂教学是其中比较重要的环节，因而它也成为教育生态学研究体系的一分子。

系统科学是一种囊括了不同学科的学科，属于横断学科，它的覆盖范围很广，能对不同学科的发展发挥作用，所发挥的作用主要体现为方法论作用。系统科学的研究对象是从物质结构、运动形式中抽离出的某一个共同方面，可以说，其研究对象并不是唯一的，甚至是会涵盖不同的领域的。从这里可以看出，大学英语课堂是可以成为系统科学的研究对象的。

（二）大学英语课堂的生态系统属性

一般来说，生物环境与非生物环境构成了生态系统。对于所有的生态系统来说，它都具有以下三个方面的特征，当然也包括大学英语课堂这个生态系统。

（1）从结构上来看，群落与环境是其重要的构成部分，从功能上来看，不同成分之间是可以相互影响的。

（2）不仅能发挥促使系统内部的能量流动的功能，还能发挥使物质实现循环、信息实现传递的功能。

（3）能够进行自我调节与组织。

英语课堂其实就是一个微观生态系统，它不仅具有生态系统的结构，还具有生态系统的功能。首先，英语课堂与其他课堂一样，都是由教师、学生、教学环境等要素共同组成的，所有的要素之间都有着自己的作用，但同时它们彼此之间又能相互作用、相互影响。也就是说，所有要素共同作用才能促成英语课堂这个大的生态系统的平稳运转。可见，英语课堂是一个生态系统，它具有生态系统的一些基本特性。其次，英语课堂与生态系统一样，也具有能量流动的特征。在自然生态系统中，生物群落与无机环境是主要在系统内部流动的能量，而在英语课堂上，教师、学生与课堂环境都是可以流动的能量。两种生态系统虽然都能实现能量的流动，但因为英语课堂是社会系统，与自然生态系统不一样，因此它的能量流动也与自然生态系统中的能量流动方法不一样。自然生态系统的能量流动是靠绿色植物的光合作用和化能细菌的合成作用实现的，而社会系统则是依靠大脑生产和输出的智能信息流实现的。英语课堂生态中的能量来源有两个，一个是教师，另一个则是学生，正是二者的互动使英语课堂中的能量完成流动的。其实这也足以表明，在英语课堂这个生态系统中，教师与学生都对应自然生态系统中的生产者。但教师与学生并不仅仅具有生产者的身份，他们还具有消费者的身份，这种身份会在他们要从其他系统要素中吸收能量发展自己时出现。另外，教师与学生将从其他系统要素中吸收的能量进行输出时，他们又与自然生态系统中

135

分解者的角色不谋而合。可以说，在英语课堂这个生态系统中，教师与学生的角色并不固定，他们可以是生产者、消费者，也可以是分解者。最后，如果英语课堂一直以来都没有外部力量的影响与干扰，那么其就能维持基本的稳定，所有要素之间的关系也会变得和谐，这其实是英语课堂生态具有自组织能力的一种表现。

第二节　新媒体时代大学英语课堂的失衡表现

一、大学英语课堂结构上的失衡

系统与结构的关系是十分紧密的，二者不可分割。结构在一定程度上可以对系统的稳定性产生影响，如果结构合理，那么就意味着系统是稳定的；相反，则表明系统不稳定。此外，通过观察结构还能发现系统内部的各个要素之间是不是存在有序的关系，可以说，结构是对系统进行调节的基础与依据。2004年之前，大学英语教学并没有进行大范围的变革，这让英语教学在过去一直保持着一定的稳定状态，系统中的所有生态因子之间的关系也比较稳定，都能够相互影响、相互兼容，但笔者要指出的是，大学英语课堂生态也表现出了一种惰性，这可以从课堂生产力下降上看出来。之后，大学英语教学开始引入信息技术进行信息化变革，这让大学英语课堂生态中的环境因子发生了剧烈的变化，而这一因子的变化也导致其他生态因子的变化。笔者认为，这一变化主要可以从以下几个方面体现出来：

（一）系统组分构成比重的失衡

课堂生态是由作为生态主体的教师和学生以及课堂外部条件相互影响而组成的。课堂生态主体指教师群体和学生群体，而对于课堂外在环境这一概念，理解与把握起来要相对困难一些。例如，在某些情况下，对于某个或者某些学生而言，作为课堂生态主体的教师和学生有时候也会转变为一种外在的环境，随其学习产生巨大的作用。作为一个完整的系统，生态课堂内部各个要素是密不可分、缺一不可的。现代信息技术作为一种新的因子融入外语课堂中，必然会对其他因子产生影响，也必然对原有的生态因子提出更严峻的挑战。如果生态课堂内原有的生态因子在信息技术融入的条件下固守原有性质，排斥新的生态因子，那就必然导致作为整体的生态系统失去原有的平衡性。例如，我们把改革之前的处于相对平衡状态的英语课堂生态比作一个天平，此时天平的两端是保持平衡的；信息化改革之后，信息技术加入整个系统当中，把信息技术放到其应在的托盘上，随着托盘一端重量的加大，天平必然会出现失衡的现象。那么，在这种情况下，我们要想使天平重新恢复平衡状态，便要相应地在天平的另一端装上同等重量的元素。课堂生态系统亦是如此，只有及时调整内部各要素之间的比重，才能保持整体生态的平衡。

高校英语的信息化改革在全国范围内推广普及开来以后，高校以现代信息技术的应用为改革突破口，试图将传统的讲授式课堂教学转变为基于信息化的建构式和共建式课堂教学，旨在实现外语教学的飞跃式发展。在信息技术进入英语课堂的情况下，要想保持其生态的平衡，与之相关的其他生态因子也应当积极跟随信息化的步伐，与之发生相应的变化。然而，事实并非如此。课堂生态系统中的很多因子还是处于拒变状态的，固守原有的模式。例如，作为课堂生态主体的教师没有与时俱进，固守过时的教学思想和教学方法，不积极提升自身的信息素养，没有正确、客观地把握自身的角色定位；同样作为课堂生态主体的学生也缺乏积极适应信息化教学的思想观念，对新的学习环境和学习手段有诸多的不适应。

（二）系统组分之间交互关系的失衡

现代信息技术对课堂生态的影响不仅表现在对教学要素组分比例的影响，也表现在各组分之间相互关系的影响。系统中各个要素之间是一个纵横交错的关系网，在这样的结构中，各个要素之间的相互关系尤为密切。

1. 生态主体之间的失谐

在高校外语课堂生态中，生态主体之间的相互作用关系呈现出一种网状结构。这种交互关系如图7-1课堂生态主体网状交互关系所示，在所有的这些交互关系中，教师生态群体和学生生态群体之间的交互关系地位更加突出。

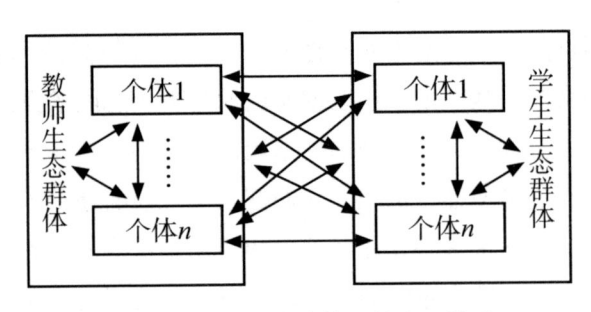

图7-1　课堂生态主体网状交互关系

以上各种交互关系在信息技术背景下的表现还有很多不尽如人意的地方。在生态课堂中，我们的重要目标便是实现师生交互的和谐，而这种和谐主要体现为师生之间思想和追求的一致性、师生之间交流和沟通的顺畅性、师生之间的平衡交流和共同进步。但是，在现实的课堂实践中，师生之间的交互关系并非如此，失谐现象极为普遍，程度十分严重。其中一个重要的表现，就是教师和学生之间的思想观点和所追求的目标存在明显的差异。可见，教师和学生对交互课堂的认识和实践还存在较大的差距，这也在一定程度上说明了教师和学生之间也存在较为严重的交互不足现象。总之，教师和学生之间关系的和谐程度受到师生之间交互不足、交流匮乏、目标差异、理念差异、地位差异、数量差异等的影响。

2. 教师与信息技术的失谐

在课堂生态中，教师的职责是传输知识、信息和智慧，是知识的生产者，也是知识的转化者。在知识传授的进程中，信息技术充当着媒介的角色。教师和媒介的良性相互作用便构成了一种和谐与平衡的互动关系。在外语教学实践活动中，教学和媒介的互动关系并没有实现和谐与平衡，其表现如下：

第一，教师信息素质与信息技术的课堂应用之间的不平衡。高校外语教学信息化改革受到了教育主管部门的高度重视，是一场自上而下的改革，受到政策的鼓励和资金的扶持，信息化的教学设备也在短时间内迅速到位。目前，教学资源库的设置已经在高校中实现了普及，网络教学资源逐步实现共享，一半以上的高校已经建立了统一的教学资源管理平台。多媒体教学技术的应用对于教师的教学素养尤其是信息素养提出了更高的要求,对于一些年龄较大的教师,更是提出了更高的挑战,因此提高教师队伍的整体素养成为信息化背景下教育工作的重中之重。

第二,传统教学理念与信息技术背景下生态课堂理念的冲突。学生是生态课堂的中心,生态课堂重视学生的主体感受,重视师生互动与交流,鼓励和支持学生参与课堂活动。然而在英语教学的实践过程中,不少教师的教学观念依旧没有转变过来,依旧坚持自身的绝对主体地位,"填鸭式"地向学生灌输知识和信息,忽略了信息技术和网络工具的作用,忽视了学生的主体地位和学习主动性,依旧是传统的讲授型课堂,而不是信息化环境下的共建型课堂和构建型课堂。我们可以明显地看到,遵循这种教育模式的教师并没有实现与时俱进,而是游离在信息化的外语改革之外,成为外语教学改革的制约因素。

第三,对网络多媒体教学的错误解读,主要表现为对网络教学的过分依赖或对网络教学的不信任。网络教学就像一把双刃剑,既有其有利的一面,也有其不利的一面。我们可以发现教师对网络的应用存在以下两种极端:有些教师过分地依赖网络,对网络的作用太过夸大,他们认为网络可以解决教学过程中的所有问题,学生完全可以依靠网络资源进行学习,从而忽视了与学生在网络教学过程中的交流与互动;也有一些教师在教学过程中将多媒体课件视为"教学圣物",硬生生地把英语课堂变成了幻灯片展示课堂,在教学过程中一遍又一遍地浏览课件,一页又一页地展示幻灯片,为学生灌输更多的知识,完全不顾及学生的理解和消化能力,反而适得其反。这些现象都是对信息技术的过分依赖,对多媒体作用的过分夸大,从而忽视了自身作为生态课堂主体的引导作用。当然,还有一些教师对于信息技术的引入是持怀疑态度的,甚至是排斥的、抵触的。他们认为多媒体教学只是空有噱头,投入大、收效小,是一种资源浪费,因此拒绝在自己的课堂上使用网络工具。正是这些做法导致了网络技术与教师之间的关系不和谐。

3. 学生与信息技术的失谐

在课堂生态中,学生扮演着知识的接受者和消化者的角色,其所接受的知识来源于教师,学生将这些知识融会贯通之后,会用不同的形式将其转化为新的能量和智慧返还到社会生态系统中。在整个英语课堂中，信息技术作为沟通的工具，是信息和知识传输的媒介。在当前的高校外语课堂中，学生与信息技术之间的矛盾关系表现如下：

（1）新时代背景下信息技术的推广和普及与一些学生信息、素养不足之间的冲突。有些大学生英语学习的基础较差，起点较低，其自主学习的意识和能力有待提高。很多学生自主学习积极性不强，学习意愿不强烈，在外语学习中的学习目标和定位不明确，自我控制能力不强，自主学习效果较差。

（2）学生固守旧的学习模式与现代信息技术的强烈冲击的冲突。束缚外语教学信息化改革的重要因素是教育管理者、教师与学生在信息观念上的陈旧与匮乏。新时代背景下的教育理念注重学生综合素质的培养，积极鼓励学生参加课内外实践活动，为学生自主学习创建良好的环境，让学生自主构建自己的知识结构，实现自由全面发展。从这个角度来说，信息技术在英语课堂的应用方面彰显出独特的优势。在外语教学实践过程中，也存在不少学生对网络多媒体学习持有消极敷衍态度的现象，主要原因在于其信息素养不高，没有充分认识到信息技术的重要作用，因此他们对网络技术和多媒体技术在外语课堂中的运用是抗拒的。

4. 教学模式与信息技术的失谐

教学模式是指在教学理论逻辑指导下，服务于既定的教学任务而建立起来的相对稳定的教学活动结构。教学模式的内涵是十分广泛的，它是教学程序、教学手段、教学目标等的统一体，在既定的教学思想的指导之下，指导课程设置与教学安排，是整个教学课堂的指挥棒。把教学模式放入课堂生态系统的整体结构中，其扮演环境因子的角色，深刻影响着课堂实践活动。在现代信息技术强势进入外语课堂之后，其独特的优势可以辅助学习者进行反复地听、说、读、写练习，同时还能为学生提供丰富多样的学习资源，因而在信息技术环境下，基于计算机网络的建构式教学模式受到了教育界的广泛重视。然而，目前英语课堂生态中仍存在信息技术与教学模式的不协调现象，主要因素大致可以分为以下两点：

第一，基于传统教学模式与现代信息技术之间的矛盾。对于信息技术的优势，绝大多数高校还是充分认可和肯定的，比如，引进了先进的信息技术设备，创建了宽敞明亮的学生自主学习中心，教室内普遍安装了多媒体教学设备。但是并没有真正实现教学模式的革新性转变，没有真正地将学生放置在信息化的自主学习环境之中，没有实现学生的自我管控与自主学习，只是单纯地通过传统作业的形式让学生通过计算机学习光盘版的教材，并没有充分发挥现代信息技术的实际作用。这种看似进行信息化改革的做法，其实并没有收到多大的成效，从根本上来说是没有发生变化的。可以毫不客气地说，这样的教学模式并非真正的信息化教学模式。这种教学模式对于信息技术的应用是形式化的、表面化的，显然没有实现与现代信息技术的高度融合，也不可能实现互动发展。

第二，信息技术在真正的信息化教学模式下受某些因素的制约，其优势并没有得到充分的彰显，发挥空间不足。首先，信息化教学模式的推行受学生自主学习意愿和自主学习能力的影响，如果学生的信息意识和自主学习能力不足，则会深层次地限制信息技术和教学模式的交互和融合，不利于信息化教学模式的开展。其次，信息化教学模式的运行受到教师教学方法的影响，如果教师在信息化环境下采取的教学方法失当，缺乏合理的课堂监控和评价反馈，与学生的交流不畅，则很难实现真正意义上的信息化教学模式。

5. 教材与信息技术的失谐

媒介的功能在于传输，而信息媒介的作用则是对知识和技能的传输，可以说是一种桥梁和纽带的作用。教材和信息技术便是课堂生态中两个重要的、不可或缺的信息媒介，它们在课堂生态系统中所扮演的角色是相同的，因为职责是一样的，所以它们之间便形成了一种相互竞争关系。在这种激烈的竞争关系下，为了有效地防止恶性竞争的出现，就要求教材和信息技术之间要充分发挥各自的独特优势，实现两者之间的错位发展，在相互竞争中实现发展，在发展中实现互补，在互补中向更深层次发展。只有这样，不同的信息媒介之间才能避免恶性竞争，实现优势互补，在对立统一中促进课堂生态系统的发展。然而，现实情况并非如此，以网络学习平台的设计为例，某些出版社设计的此类课程只是单纯地把我们平常所见到的教材变化了形式，将其制作成了网络版，却并没有对此做出更好的拓展和延伸。另外，很多网络版的教材或者光盘版的教材并没有真正地实现和多媒体技术、网络技术等现代科技的融合，在实际的运用过程中表现出了很多的弊端。

除此之外，还有不少教师和学生过分依赖教材，把教材看作课堂教学中让学生获取知识的唯一媒介，这就是我们通常所说的"照本宣科"。在这样的教学课堂中，现代信息技术成为一种无关紧要的因素，无疑会造成教学形式的单一以及教学内容的狭隘，这种情况导致了传统教材和信息技术之间的恶性竞争，以致两者之间的关系不能很好地融合，造成了它们之间关系的不协调。这样的做法是断然不可取的。

（三）系统内部营养结构的失衡

在传统的课堂生态中，教师是知识和信息的生产者和传播者，他们的主要功能就是把系统之外的能量加以吸收转化，结合自己的理解和自身的经历，对这些能量进行生产创造和转换，通过教学活动，把这些能量传递给学生。相对于教师而言，学生是知识和能量的分解者和消费者，并且最终将所得到的能量反馈给社会。课堂生态环境在能量的产生和传递过程中发挥着至关重要的作用。

随着信息化的冲击，高校外语课堂系统内部营养结构失衡的第一个重要信号就是教师和学生所承担的生态角色出现了异位现象，其中一个重要表现就是教师自身的发展和进步被忽视了。从课堂教学实际来看，大部分教师在传统教学中的生态角色并没有多大的改变，其功能也没有出现弱化现象，其在现代教学中所扮演的生产者和传播者的生态角色也没有随着课堂的要求而增强。长此以往，这将对整个生态课堂、对教师及学生的成长和进步产生不良影响。

课堂系统内部营养结构失衡的另一个表现是能量的输入和输出的不平衡。在实际的英语教学过程中，许多教师在授课时并没有真正做到服务于教学内容，在本来不需要多媒体设备的时候也一直保持着使用。这大大压缩了学生的想象空间和思考能力，对学生知识结构的构建产生了不良影响。在教学过程中，对现代信息技术的运用要适量，并不是越多越好，这一点是根据课堂实际情况确定的。

在大学英语课堂实际中广泛存在输入和输出内容异化的现象，如将教学内容异化为考试内容。很多教师在教学过程中并不是以实际的教学需求为指导，而是过分侧重于对考试内容的关注，一切以考试为中心，一切教学活动围绕考试进行。在这种教学思想的指导之下，学生便成了"灌输式"教育的纯粹接受者，被动地接受教师输入的内容，除了死记硬背之外，没有行之有效的学习方法，也没有时间和条件进行语言实践活动。这种应试教育下培养出来的学生，语言实际运用能力自然是不理想的。课堂上对情感的投入明显低于对知识的投入，就会导致师生之间的沟通和交流不畅，影响学生的学习积极性和主动性，也会影响整个课堂主体之间的关系及课堂氛围的和谐。

二、大学英语课堂功能上的失衡

（一）结构优化功能衰减

系统与集合并不一样，后者只是简单地将一些分散的人或物凝聚在一起，而系统并不是一种无规则的人或事的凝聚，其所有的元素之间都是紧密联系的，是可以相互作用与制约的。不同要素之间的相互影响与作用让不同的要素可以进行合理的自我调节，让所有要素都可以与其他要素"和平共处"，这样整个系统就能保持一种稳定性。对自然界进行分析可以发现，自然界中的不少生态系统其实都具有这种自组织能力，也正是因为如此，它们总是能使自己保持一种平衡的状态。但笔者需要指出的是，这种平衡的状态并不是一蹴而就的，它存在一个变化与维持的过程。但在社会系统中，生态主体往往有着很强的能动性，他们会主动地维持系统稳定，因而系统的平衡状态将很快实现。

随着科技的进步和信息技术的快速发展，大学英语课堂在这种背景下也呈现出了生态结构优化功能减弱的现象，这不是危言耸听，而是我们在教学过程中通过观察和总结得出的结论。在英语教学改革之前，也就是信息化教学没有引入英语课堂之前，大学英语课堂的生态系统应该说是以一种和谐、平衡的方式存在的。在英语教学改革之后，信息技术工具的引入，在很大程度上冲击着原有的生态结构，呈现出很大的不平衡性。改革后的英语课堂中，现代信息技术一跃成为课堂环境中的主导因子。在这种深入的、广泛的影响之下，课堂生态系统自身的修复和调节能力远远不足以维持系统的平衡状态，系统内部各个要素之间的关系也发生了失调现象。随着时间的推进，这种不平衡现象长期得不到有效改善，反而越演越烈，最终表现为课堂生态结构优化功能的弱化，如此往复，成为一种恶性循环。

（二）关系调谐功能减弱

1. 实际能力和改革力度之间的不对等关系

众所周知，现阶段大学英语信息化教学改革的呼声很高，信心很坚决，无论是从改革的深度还是改革的广度上，都具有很严格的要求和指标，这就对课堂生态主体的信息素养提出了很高的要求。而在实际英语教学过程中，很大一部分学生，甚至是教师也因为各种因素呈现出信息素养不达标的窘态，与大学英语信息化教学改革的要求还具有很大的差距。

2. 传统的教学理念和信息技术环境下的改革理念相冲突

在实际的教学过程中，有不少教育工作者固守传统英语教学的"老一套"，不愿意抛弃传统的教学理念而转用新的改革后的思想和方法。例如，他们拒绝使用任务型教学、交互式教学、研究性学习等各种新型的教学方法，这就导致英语课堂各个要素之间矛盾重重，教师和学生之间互不满意，教师和学生对于课堂教学效果都不满意等。在这种情况下，学生对教师的教学评估并没有改革之前理想，呈现出了集体下滑的现象，原因是学生对教师的很多教学观点和方法并不认同。

3. 输入与输出的失谐

在改革浪潮之下，高校开始行动起来，通过购买教学设备、升级教学设施，从而不断地加强英语教学改革，提高英语教学质量，但高校所进行的这些"输入"似乎与英语教学改革的成效并不成正比。学生利用网络平台学习与其实际的英语学习水平是存在一定出入的，这导致学生在学习过程中会存在严重的能力损耗问题。

需要注意的是，以上提到的这几种现象并不是在同一时间出现、同一课堂中发生的。对于有些高校来说，上述问题或许是一种历史的存在，而对于另一些高校来说，或许其正在经受着这些问题的困扰。发展到今天，以上问题还没有通过其自身的功能来实现修复和改善，这也说明了系统调谐关系的能力在失衡状态下严重减弱。无论是什么样的状态，这些问题都会对高校外语课堂的生态产生客观的影响。

（三）演化促进功能减弱

课堂作为一个生态系统，在课堂系统内部所要交换的信息便是课堂上所要传授的知识内容，系统内流动的能量便是教学活动过程中教师和学生之间所互通的知识和信息，系统内循环的物质便是教学活动中带来的智能流以及外部环境输入系统的物质。在信息技术影响下，大学英语课堂生态系统失去了原有的平衡状态，如果课堂生态系统通过内部因素的协调运作重新恢复平衡，就形成了耗散结构，这便实现了系统的演化。然而，英语课堂信息化改革这么多年以来，课堂内部的生态系统依旧未能实现平衡，系统内部的各个要素之间仍未实现协调，因此难以完成系统的演化。

（四）生态育人功能发挥不够

我们之所以对高校英语课堂进行信息化、生态化改革，根本的目的就是通过这样生态化的课堂来培养更多的综合素质优秀、符合社会发展要求的人才。在传统的英语教学模式下，培养出来的学生多呈现出"高分低能"现象，英语听力能力和英语口语能力严重不过关。通过改革，这种现象得到了有效的改善，学生的英语听力能力和英语口语能力得到了很大的提升，这不得不说是英语教学改革的成效。即便如此，课堂生态育人功能的发挥程度依旧不够，英语课堂的生态系统依旧没有达到崭新的平衡状态，英语课堂中依旧存在着诸多不平衡、不和谐的现象，需要在英语课堂的改革中对此加强重视。

这里的生态育人包含三层意思：一是生态主体的共同成长，二是师生的可持续发展，三是育人方式的生态性和科学性。其中生态主体的共同成长与师生的可持续发展可以综合概括为课堂教学的产出效能。在教师的引导下，学生通过自主学习与小组活动，能够逐渐克服自己不敢说或者不好意思说英语的紧张心理，对英语口语的练习逐渐大胆起来，这种态度的转变对于英语学习无疑是有好处的。可是在这种情况下,学生英语口语能力的提升依然收效甚微。这是因为学生在口语练习中仅仅把自己熟悉的句式和话题作为练习重点,对于新知识依旧存在畏难心理。

第三节 新媒体时代大学英语课堂生态学重构要点

一、新媒体时代大学英语课堂生态学重构的原则

(一)整体性原则

从结构层面上来看,大学英语课堂生态系统是十分复杂的,英语教学模式创新的"前途"是未知的,英语教学系统的运转也存在一定的问题。这些都让相关人员无法对英语课堂生态系统进行良好的控制。比如,从宏观层面上来讲,教育主管部门的政策调整会影响大学英语课堂生态;从微观层面上来讲,英语教师的离职或调岗也会对大学英语课堂生态产生影响。笔者认为,鉴于此,必须从大学英语课堂生态系统的整体出发,了解不同要素对大学英语课堂生态系统的影响,从而深刻地指出大学英语课堂生态系统的关键。

(二)人性化原则

这里的人性化原则指的是在对英语课堂生态系统重构的过程中,教学活动应该围绕学生进行,最大限度地突出学生的主体地位,不断激发学生学习英语的兴趣,并最终引导其开展自主学习探究活动。每个学生都有自己的个性,都有着不同的学习习惯与能力,因此在实际的教学中,教师不应该采取单一的教学方法,而是应该采取多样化的教学方法,可根据学生的身心发展特点与实际的学习需求有针对性地选择教学方法。这样,学生的学习需求就能得到满足,高校英语教学的质量也能有所保证。

(三)有效性原则

在新媒体时代对大学英语课堂生态系统进行重构,一个关键就是要不断提升英语教学质量,强化英语教学效果,实现信息技术与课堂教学的充分融

合。这就要求英语教师在进行大学英语课堂生态系统重构时应该遵循有效性原则，将有效性当作一切行动的基本前提，同时灵活地整合各种网络资源，激发学生的积极性，从而使大学英语课堂生态系统得以优化与重构。

二、新媒体时代大学英语课堂生态学重构的策略

（一）重构大学英语课堂生态空间

1. 调整课堂空间尺度，保持最适密度原则

在自然界，所有的物种都会与其他物种形成一个既相互依赖又相互制约的空间生态。并不是说空间中种群的数量越多，其种群"扩张"的速度就越快，而是要保持合适的种群数量，这就是最适密度原则。课堂上，学生数量的多少会影响教学的质量，也就是说，课堂的空间密度会对教学活动产生影响。在英语课堂上，英语教师与学生都应该重视英语的听说训练，但如果教室空间密度过大，那么学生的学习体验就会不好。一般来说，英语课堂上学生的数量维持在20人左右最合适。但从现实情况来看，高校扩张让英语课堂"人满为患"，课堂空间密度过大已经是一个非常现实的问题。面对这种情况，英语教师可以以英语课程为特点，对英语课堂空间的密度进行适度调整，从而为学生打造一个平衡的课堂空间生态。

传统教室空间的布局相对来说比较拥挤，因而教师与学生、学生与学生之间无法获得一个十分舒服的交流空间。因此，必须改变原有的教室布局。笔者认为可以采用马蹄形布局，这种布局能让教室空间变得更大，能让教师与学生之间形成良好的互动。教师必须认识到这一点，充分利用座位布置、教学仪器等对教室空间进行合理的规划，从而为学生打造一个不错的生态空间。空间布局并不固定，教师可以根据教学的需要进行适当的调整，同时，经过调整后的教学空间将会更加适应学生的学习需要，因此良好的教学空间也能促成学生学习质量的提高。

2. 打破课堂"花盆效应"，形成"活水效应"

英语课堂生态系统要想保持平稳运转，就需要与外部空间保持持续的能量交换，这种内外部能量交换现象可以称为"活水效应"。这一效应在教

育生态中的作用是突出的，主要表现为两点，一点是可以有效地规避"花盆效应"，另一点是可以对英语课堂的静止发展状态予以打破。要形成"活水效应"，高校与英语教师都不能置身事外，高校应该从纵向与横向两个层面不断完善办学机制，同时还应该为教师提供多样的外部空间环境，从而使教师能够全面获取更多的教育资源。英语教师也要有意识地摆脱传统英语教材的束缚，从外部环境中汲取能量，灵活地改变教学理念，不断丰富自己的专业知识，从而使专业知识成为其开展英语教学活动的基础。另外，信息技术在高校教学中有了不错的应用，英语教师应该有意识地将这一技术引入英语教学中，但笔者必须指出的是，信息技术在英语教学中只是扮演辅助性的角色，并不能占据绝对的优势地位，英语教学才是英语教师应该关注的重点。也就是说，英语教师不能过度地依赖信息技术，要对信息技术形成准确的认识。另外，英语教师还应该认识到自己在英语课堂上的多重任务与多重身份，积极地帮助学生营造和谐的课堂环境。

生态平衡并不是一种静止的平衡，生态系统中的各要素都是运动的，因而所谓的生态平衡也是一种处于运动中的平衡。因此，对于大学英语课堂这个生态系统来说，其平衡也是多种因素运动、作用的结果。教师应该始终保持英语课堂生态系统的平衡，应该对教学空间布局进行合理规划，对自己与学生的空间行为进行规范。大学英语课堂生态系统会受到"蝴蝶效应"的影响，当系统中的某一个要素发生变化时，整个系统就会失去原有的平衡，进而系统各要素之间的矛盾就会凸显出来。高校英语教师应该总结自己的教学经验，从教学空间入手，准确找出导致大学英语课堂生态系统失衡的原因，进而通过一系列必要的措施使系统最终可以保持平衡。

（二）创新大学英语课堂的教学理念

在新媒体时代，新媒体技术在大学英语课堂中的应用的确在很大程度上阻碍了英语课堂生态的重构。因此，英语教师必须转变传统的英语教学理念，主动参与新媒体技术培训，掌握各类新媒体知识，能制作新媒体课件，这样才能适应新媒体时代英语教学的变化，才能借助新媒体技术不断提升英语教学质量。同时，英语教师还应该坚持以学生为本的教学理念，将学生的学习需求看作教学的重点，不能过于依赖自己的主观思维。

(三) 创设分层次的培养模式

每个学生的学习能力、学习习惯、个性都存在明显的差异，要保证英语教学质量的最大化，笔者认为可以对学生进行分层次的培养。将属于同一层次的学生聚集在一起，给予他们一定的问题让他们自行探讨，同一水平的学生一起探讨能够使其在竞争中获得知识。当然，当遇到问题时，因为水平相同，其解决问题的思路可能相同。

(四) 构建多向教学评价方式

要对教学质量予以控制，笔者认为就应该采取教学评价的手段。依据教学评价结果，教师能清楚地认识自己的教学活动，学生能清楚地认识自己的学习活动，这能帮助教师更好地调整自己的教学计划，也能帮助学生更好地调整自己的学习方法。在进行教学评价时，不能只使用一种评价方式，而是应该根据实际选择不同的评价方式，因为这能确保评价的全面性与科学性。

(五) 创建多角度的互动教学环境

互动教学是一种能促进教师与学生互动的教学模式，能拉近教师与学生之间的距离。当然，这里的互动绝对不仅仅局限于教师与学生之间，英语课堂生态系统中的各个要素之间也能形成良好的互动。基于此，教师应该从这些要素之间的关系出发，打造更加多元的互动教学环境。首先，要保持教室的整洁，使学生可以为教室环境所影响，以一种非常舒服的心态完成英语学习。其次，教师应该对学生的座位进行合理的安排，一旦发现某些学生的座位从自己的视野中"走掉"，教师就需要及时将学生的座位调整过来，甚至需要叮嘱他要集中注意力听讲。最后，教师应该引导学生一起形成良好的班风，让学生始终能在一个和谐的氛围中学习。

(六) 提升师生的信息化水平

大学英语课堂生态系统的生态主体是确定的，这里指的是教师与学生。在新媒体时代，教师的信息素养与信息技能水平将会对大学英语课堂生态系统的运转产生影响，甚至会对学生的学习效果产生影响。当前的英语教师也意识到自己应该具备一定的信息素养与信息技能，但他们依然在许多方面存在偏差与缺陷，比如网络搜集能力不强、信息检索能力较差等。因此，高校应该着手对教师进行信息化教育培训。高校可以定期举办关于教育信息化的讲座，使英语教师对当前教育发展的趋势有清楚的了解，同时还应该经常组织信息化培训，从而使英语教师可以及时掌握各种信息技术知识，掌握各种信息技能。为了进一步提升教师的信息化水平，高校还可以采取必要的激励措施，将教师的信息化水平纳入考核机制，这样，教师就会更加主动地学习各类信息技术知识，主动地参与教育信息化变革进程。同时，学生的信息素养也会对大学英语课堂生态产生一定的影响，因此在课堂上，英语教师应该发挥自己的督导作用，积极引导学生学习并掌握信息技术知识，从而不断提高其信息化水平。

第八章　新媒体时代下的大学英语教学方法创新之自主学习

随着信息技术的飞速发展，人们的学习、工作与生活变得更加便利，甚至人们足不出户就能吃到美味佳肴、买到自己喜欢的衣服等。同时，信息技术也让知识更新的速度加快，人们借助互联网平台可以获取更多有益的知识，也能保证这些知识的"新鲜度"。利用互联网平台进行学习，学生可以有更大的自由，他们的学习将不再受时间与空间的限制。此外，因为学生具有了获取学习资源的能力，因而其在没有教师的指导下也能完成学习资源的收集与分析，这就为其自主学习能力的提高奠定了基础。本章主要论述了自主学习的基本知识、大学英语自主学习能力的现状、新媒体时代下大学英语网络自主学习的原则与对策、新媒体时代下的大学英语自主学习监控等内容。

第一节　自主学习概述

一、自主学习的含义

可以从狭义和广义两个方面来理解自主学习。自主学习主要包括以下几个方面的含义：

（1）自主学习是一种教和学双方协同的学习模式。具体来说，学生在总体教学目标的宏观调控下，以教师的指导为基础，根据自身条件和需要制订并完成具体学习目标。

（2）自主学习是主导学习的一种内在机制，它包括学习者的学习态度、学习能力、学习策略等因素。也就是说，它包括学习者主导并控制自己学习的各种能力，如自主制订学习目标、自主监控学习过程、自主评价学习结果。

（3）自主学习是对教育环境的一个挑战。自主学习需要培养学习者对自己的学习目标、学习内容、学习方法以及使用的学习材料的自主控制能力。换个角度理解，就是教育需要给予学生自主学习的空间，或者是对学习者自由选择的宽容度。

尽管自主学习的定义多种多样，让人感觉无所适从，但是从学术的角度来看，这是十分正常的。这是因为，自主学习是一个新的课题，覆盖面很广；不同的定义有不同的侧重，暗示了学习者的不同目的与特点。但是，从总体而言，自主学习应该是以学习者为中心，学生根据自身的、不同的需求，在整个学习过程中进行自我规划、自我管理、自我调节、自我检测、自我反馈、自我评价的自我建构过程。

二、自主学习的特征

（一）自主性

1. 自主计划

自主计划是在学习之前发生的，是为接下来的学习活动所做的准备工作。在这个阶段，学习者需要了解学习内容，选择学习策略。具体来讲，自主计划包括先行组织、集中注意、选择注意和自我管理。先行组织是指在自己原有知识的基础上预习即将要学习的新资料，了解大意和相关概念。集中注意是指始终将注意力集中在所要学习的资料上。选择注意是指注意学习过程中的特定方面而忽视其他方面。自我管理是指创造条件促使学习任务的完成。

2. 自主监控

自主监控，简单来讲，即对整个学习过程的检查、调整和确认。这既包括监控自己听到的、看到的、理解到的知识信息，也包括对学习计划、学习方法和策略的监控。对学习计划的监控是指监控计划的科学性以及时间分配的合理性；对学习方法和策略的监控涉及方法、策略的选择是否恰当。

3. 自主评价

自主评价发生在学习活动的最后阶段，是对自己学习任务的完成情况进行的分析、判断。它包括对计划和时间分配的合理性、知识信息的获得、策略的运用等进行评价。自主评价有利于学习者反思学习过程中遇到的问题，总结经验教训，以便对下一次的学习进行指导。

（二）能动性

自主学习要求学习者自觉从事学习活动，自我调控学习，其基本的要求是主体能动性。与各种形式的他主学习不同，自主学习不是指学生在外界的各种压力和要求下被动地从事学习活动，或需要外界来管理自己的学习活动，而是指学生积极、主动、自觉地从事和管理自己的学习活动。

（三）创造性

在自主学习中，每个学生都是独特的自我，个性特征鲜明。在这种教学方式中，教师注重对学习方法的传授，提纲挈领地向学生介绍学习内容，培养学生主动学习、创新学习的精神，引导学生在学习中主动进行探索，善于发现。学生的学习目的不是简单地复制学习内容，而是创造性地激活已有的知识体系和创新的知识体系之间的链接，并进一步完成知识的再创造；学生也不再简单地复制学习过程，而是在管理自己学习的过程中，不断地反思、改进学习方法，进行创造性的学习，创造性地解决问题，从而掌握学习技能，发展个人能力。

（四）有效性

学习者通过各种不同的手段使自己的学习效果得到最大限度的优化的过程就是自主学习。从这里可以看出，所有的学习者进行自主学习的目的都是明确的，就是要不断优化自己的学习效果，提升自己的学习质量。通常情况下，学习者的自主学习水平与其学习效果是呈正比例关系的，前者越高，后者也就越好。

（五）开放性

自主学习是一种开放的教学方式，包括教学内容的开放、教学目标的开放、教学时间的开放、教学空间的开放、教学设计的开放、教学方式的开放、教学组织形式的开放、教学管理的开放以及教学评价的开放。自主学习的开放性使学生在教师的宏观指导下不仅可以自主选择学习的时间、地点,而且可以自主确定学习目标、学习内容、学习方法以及学习计划,还可以自主进行学习反馈、评价,并且对自己的学习负责。在这样的学习中,学生才能真正成为学习的主人。

(六) 相对性

就现实的情况来看,绝对自主或绝对不自主的学习都较少,学生的学习多数是介于二者之间的。因此,自主学习不是绝对的,而是相对的。也就是说,他们的学习在有些方面可能是自主的,而在另一些方面可能是不自主的。尽管学生在学习上有了一定的自由,但这并不意味着他们已经能摆脱教师对自己的指导与限制,在学习内容、学习时间等方面,教师依然可以对学生产生不小的影响。因此,在认识学生的自主学习时不能过于片面,而是应从学生自主学习的实际情况出发,清楚地指出学生在学习活动中哪些行为是自主的,哪些行为是不自主的。

三、自主学习的类型

根据自主学习不同的内涵和不同的学习方式,可将其分为不同类型的自主学习。

(一) 课内自主学习和课外自主学习

根据学习时间和地点的不同,自主学习可分为课内自主学习和课外自主学习,而课内自主学习又分成"无声的自主学习"和"有声的自主学习"。在课堂上没有被教师甚至学生注意到的自主学习被称为无声的自主学习。无声的自主学习是一种个性化的学习方式,表面上看起来是在教师的控制下,实际上学习者默默地管理自己的学习,他们把教师的目标当作自己的目标去实现,并能够和教师很好地合作,从课堂上获取很多不同的知识。而有声的自主学习是指以学习者为中心的教学方法。教师设计教学大纲满足学生的需求,开展各项活动鼓励学生参加,并给学生提供机会选择学习方法和学习范围,让学生在民主的气氛中,敢于开口表达自己的情感和思想,由被动的学习者变成积极主动的学习者。

课外自主学习指学生在课余时间所进行的学习活动,如预习功课、完成家庭作业、选用参考书等。在进行课外活动的过程中,教师一般较少参与,而是给予学生更多的探究机会,这时学生就可以进行独立的分析、思考与决策,甚至还能对自己的学习结果进行自我评价。

(二)完全自主性学习和非完全自主性学习

学习自主性是指学习者在学习过程中负责有关学习的所有决策并负责实施这些决策。不同形式的学习自主性包括完全自主性和非完全自主性。在学习过程中,涉及学习决策、学习方式、学习进度、学习时间及地点、学习材料、检查及测试等诸多方面都是由学习者自我决定的,完全没有教师的参与,并且学习者也不使用任何种类的专为学习者设计的语言学习材料,那么,这就是完全自主性学习。如果在以上方面的决策中有教师不同程度的参与,则可称为指导性自主学习,即非完全自主性学习。事实上,在学习的整个过程中,教师参与越少,表明学习者自主性越高。

(三)前摄自主学习和后摄自主学习

根据学生自主学习的程度,可以将自主学习分为前摄自主学习与后摄自主学习两种。前者指的是学习者对自己的学习活动可以进行足够的掌控,不仅能确立自己的学习目标,还能根据自己的实际情况选择适合自己的学习方法;后者指的是学生无法自主完成学习目标的确定,但如果由教学大纲或教师为其确定学习目标,学生就会向着这个目标全速前进。

(四)外在的自主学习和内在的自主学习

外在的自主学习指的是学生可以实现真正意义上的独立,能自行确立学习目标,选择学习材料,安排学习内容,选择学习策略等。如果从教学活动层面上来看,就会发现外在的自主学习并不是只由学生自己参与的学习活动,教师也会参与其中,只不过教师在这一过程中扮演的是辅助性的角色,并不会从大的方向上对学生的学习计划予以影响。

内在的自主学习是一种与学习者自身有关的学习方式,关注的重点是学习者在学习活动中的有效投入。学习者需要对自己的学习心理机制有准确的把握，同时在学习过程中还不能将学习的重点完全放在英语知识的学习上，应该有意识地进行温故知新，要能够回过头来对自己过去的学习情况进行适当总结，了解自己以前的所学存在的问题，进而不断改善自己的知识结构，不断养成良好的学习习惯。

（五）无时空限制的自主学习

计算机技术和网络媒体的迅速发展，为外语学习者提供了一个全新的平台。学习者的学习变得更加自由，他们可以根据自己的时间安排选择一些如等公交的琐碎时间进行学习，同时他们还能自主选择学习内容与手段。正是因为在时间与空间上有了更大的自由，所以学生往往能更好地把握自己的学习节奏，也能在一次次的自主学习探究活动中不断培养自己的自主学习能力，甚至可以与教师形成一种更加新颖的、健康的师生关系。

（六）真实交际需求驱动下的自主学习

真实交际需求驱动下的自主学习是一种教师为学生打造交际环境，学生在交际中获取英语知识的学习活动。在教师打造的不同的交际环境中，学生可以近距离感受英语知识使用的情况，同时还能在与他人的交际中了解文化知识。可见，利用真实交际环境来激发学生的自主学习能力是可行的，更为重要的是，学生自主学习能力在提高的同时，还能掌握更加多样的知识，这对于其英语学习来说非常重要。

第二节　大学英语自主学习能力的现状

多年来，我国英语教学经过小学、中学、大学几个阶段，一直沿用传统的以传授知识为主的教学方式，教学的基本要素是教师、学生和教材。传统的大学英语教学方式之所以多年来一直被大多数英语教师所采用，并能被大多数学生所接受，也培养了不少优秀的外语人才，是因为它有自身的优势。最显著的是这种面对面的言语交流是最亲近、最自然的教学方式，最能充分体现教师的主导作用，增进师生之间的情感交流，这是其他形式所不及的。但是，随着现代教育技术和多媒体技术的兴起以及社会政

第八章　新媒体时代下的大学英语教学方法创新之自主学习

治、经济和文化的不断发展变化，语言学习者对语言能力的要求也越来越高，因此传统的大学英语教学方法、手段和模式远远不能满足当今社会的发展需要。与此同时，它自身也存在许多不足。用人单位普遍对大学毕业生的英语综合能力不满意，语言教学没有达到运用和培养能力的目的，使很多学生经过多年的外语学习，仍是听不懂、说不出，甚至在长期的外语学习中没有学会独立学习的方法，离开教师就无法继续学习。

自从自主学习这一理念被提出，它便相继成为各国教育的主要价值取向。我国也把培养学生自主学习能力作为国家教育改革的一项重要战略目标。

在今天，依然有不少英语教师对自主学习并没有形成一个准确的认知，认为自主学习就是教师不用参与，学生自己学习。他们将自主学习看成一种十分极端的学习活动，他们认为，放任学生学习，他们是无法取得较好的学习效果的。因此，在英语教学中，教师依然不愿意采取自主学习的方式，而是依然将自己看作课堂教学的权威，依然认为学生的学习应该由自己把控，学生只要跟着自己的脚步走，就能取得好成绩。也正是有些教师存在这样的错误认知，学生死记硬背、机械记忆的情况依然存在，很明显，这非常不利于学生自主学习能力的培养与提高。学界以及不少一线英语教师其实也认识到了自主学习的重要性，纷纷对这一问题进行了研究，研究的内容主要集中于以下几个方面：第一，怎样运用不同的语言学习策略使学生的英语自主学习能力得以提高；第二，怎样通过变革大学英语教学来培养学生的英语自主学习能力；第三，怎样利用信息技术改革英语课堂，进而提高学生的英语自主学习能力；第四，自主学习理论的中国化问题；第五，大学英语自主学习的相关研究。

尽管大学英语自主学习相关研究已经取得了一些成果，但笔者通过对这些研究成果进行梳理，逐渐发现，其实这一研究还存在一些问题，主要集中于以下两个方面：第一，大多数研究是以西方自主学习理论为依据的，没有从中国英语教学的实际出发，导致研究成果很难被运用在实际的教学中；第二，研究的重点放在了教学模式改革与学习策略训练上，逐渐偏离了自主学习研究的轨道。研究的视角固化，一些新的研究视角还没有被挖掘出来，可以说英语自主学习研究还有待探索。

第三节　新媒体时代下大学英语网络自主学习的原则与对策

一、新媒体时代下大学英语网络自主学习的原则

（一）学生的主体性原则

自主学习就是学生自我负责管理语言学习的能力，具体地说，就是能够自己决定学习目标，确定学习内容和进度，选择学习方法和技巧，监控学习的过程及自我评估学习效果。基于多媒体网络的大学英语自主学习模式以现代学习理论——建构主义为主要的理论依据。该理论的核心是：学生是自我控制的知识建构者，知识是学习者通过学习过程建构起来的统一体，这种主动、独立建构体现在教师的控制逐渐减少，学生自我控制能力增强，充分发挥了学生的主体性。网络环境下的大学英语自主学习，学生处于教学的主体地位，重视的是学生怎样学，而不是教师怎样教。学生自始至终参与有关自主教学的决策，自觉对自己的学习实施自我检测和评价，对自己的学习负责，以自身的学习为主，以已有的知识经验为基础，以自主的活动为中心，成为学习的主人。教师在教学过程中的主要目的是培养学生掌握知识的能力，指导学生自主学习，帮助学生获取信息、选择信息、处理信息，解决学生自主学习过程中出现的知识性、技术性问题。以教师为中心的传统教学模式，学的活动是通过教的活动发生的。在网络环境下的自主学习模式中，学生被摆上了最重要的位置，该模式强调学生的学，学生成为教学过程的主体。

教师被明确为教学的组织者，通过一定的教学方式和环境服务于教学对象——学生。学生不仅可以从容不迫地学习，充分发挥学习的积极性和主动性，而且不受时间、空间限制，自主自由地安排学习。教师以学生的认识规律为主，让学生自觉做到耳到、口到、眼到、手到、心到，全面参

与自主学习的全过程，在师生互动、生生互动、计算机和师生的互动中独立思考、相互交流，充分展示自己的才华，发挥自己的个性特长，体现学生的认知主体作用，实现个性化教学。

（二）学习的3I性原则

这里的3I性是指Independence（独立性）、Individuality（个性）、Inquiry（探究性）。

1. 独立性

学生在英语等外语学习过程中，仅仅依靠课堂时间是无法将课程知识参透的，这就需要学生在课后利用多种途径巩固知识，学生是否具有独立性及其学习独立性的强弱都会影响到最后的学习效果。但是，由于学生和教师长期处于应试教育模式中，教师讲授课程的目的更加偏向于让学生在考核中取得高分，比如期末考试、全国性英语等级考试等，并采取"手把手教学"的形式，对知识点的讲解十分细致。学生学习任务重，在学习过程中保持着"谨遵师训"的学习态度，教师让做什么学生就乖乖去做，大部分学生在课后为了逃避学业压力一般不会主动学习，所以现如今的大学生往往缺乏学习的独立性。基于该现状，大学英语教学中必须注重培养学生的独立性，在网络学习环境中也不例外。学生的学习独立性需要逐步培养，从学生自身来看，应根据不同的学习需求，主动积极制订合理的学习计划，通过多种渠道，比如工具书、资料网站、小组互助等，在课后培养、提升英语听、说、读、写等能力，并在计划实施过后及时主动反思，以期在下一次学习活动中取得进步。

2. 个性

同独立性学习相关联。个性是先天在生理、心理上被给定了的，并且必然地以精神的方式表现出来，人格凸显的就是人的"个性"。网络环境的多样性、互动性为贯彻分类指导、因材施教的原则提供了广泛的空间，它可以适应当前个性化教学的需要，学生可以自己规划学习进度，选择不同的媒体，体现了针对人类学习的个性和心理特征差异的因材施教的原则。学生可以通过网络进行听、说、读、写、译语言技能（特别是听、说、读的技能）的训练，这种互动性的教学并不是向学生灌输知识，所有的学习资源均在于学生根据自身情况去获取。当代哲学、心理学和脑科学研究的最新成果表明，个体之间发展的根本就是差异性发展和个性发展，这就要求教育教学提供与个体差异性和个性相一致的实践形式。21世纪社会的发展趋势表明未来必将是一个知识化、学习化的时代，而个性化教学正是为了发展学生的个性，塑造新型的自由人格，教育的根本任务在于使学习者学会如何学习，学会如何劳作，学会如何与他人共同生活以及学会如何生存。个性化教学就是使教学适应个体个性化的自然需要，也就是说，意味着寻求各种不同的变体和途径，按照各种不同的个人特点去达到一般的培养目标。对于网络环境下的大学英语自主学习来说，网络创设了一个多元开放的自主学习的情境，学生通过独立学习、思考，对语言知识技能掌握的熟练程度和学习效果肯定不同于传统的教学模式。受传统的教学模式影响，学生新学到的知识、掌握语言技能的熟练程度差别无几。在同一教室里听课，你懂得的东西我也懂，你没掌握的我也不会，给人一种由同一个模子"印"出来的感觉，培养出来的学生语言知识片面，技能单一。个性化教育正是为了充分挖掘学生潜能，以适应多样化的社会需求。

3. 探究性

探究性是指学生在教师的指导下，通过选择一定的课题，以类似科学研究的方式进行主动探索的一种学习方式。要真正习得一门外语，进行探究性学习不失为一项选择，这一点对大学生英语学习显得尤为重要。网络以其交互性和多媒体等特点为探究性学习创造了良好的条件。探究性学习没有固定的模式限制，以教师的帮助、引导为前提，学生利用网络学习环境中的各种资源，在一定的目的指引下完成多种认识与思维活动。在此过程中，学生取代传统教学活动中教师的角色，成为学习活动的制订者与控制者。探究性学习对学生也有一定的要求，即学生必须有一定的生活经验积累以及一定的获取信息、处理信息能力，还要掌握基础的英语知识结构与基本知识点。探究性学习最突出的特点就在于其自主性，学生自主探究知识，不受拘束。

网络的学习资源十分丰富，学生利用网络学习英语能够实现学习个体与知识之间的互动、不同学习个体之间的互动以及学习个体与教授个体之间的互动，学习者不用考虑时间与空间的限制，随时随地都能开始探究式学习，十分灵活方便。从教学论原理的角度分析，探究式学习要求教师引导学生的学习，当学生遇到自己无法解决的问题时，教师应耐心解答但又不能直接告知答案，应在其学习活动的关键节点予以必要的提示，一步步引导学生自己得出结论，从而增强学生的学习自信心，绝不能代替学生成为知识的直接接触者；探究式学习还要求学生自行组织、认识、评价、完善学习内容，学习速度取决于学生自身的学习状态、学习习惯等，没有固定的标准，学习任务的制订也完全可以按照自身需求进行。探究式学习的目的是让学生掌握英语知识，这种英语知识具有两个层次的含义，一是语言层次，二是文本层次。语言层次的英语知识比较好理解，它指的是英语学习的直接目标，是学生在英语学习过程中的直接接触对象。文本层次的英语知识并非学生在学习过程中直接接触的知识，它是作者对客观事物的认识，需要通过学生的探索、思考、总结等活动才能获得。学生在网络环境中自主学习英语的过程其实是一种文化交际过程，学生在此过程中会不自觉地运用母语与英语展开交际活动，比如英译中等，而母语中的思维习惯是根深蒂固的，这种习惯在一定程度上对学生的英语学习造成了不良影响。所以，学生在进行英语的自主探究学习时，也应透彻地了解中、英两国文化，积极探究本民族文化的意义。

  从生物学和生理学角度看，人是具有许多已知和未知能量范围的多层次有组织的生物，在探究性外语学习过程中，学生的背景知识和环境经验（内因）范围活动越积极，外部条件越有作用。自主探究性学习带有许多使学生豁然开朗的寻觅和发现性游戏。基于网络的学习，如网络探究WebQuest，便是一种面向探究的活动，活动中学生所用到的所有或者大部分信息都来自网络，它涉及的问题往往是开放性的，有多种回答方式，有利于培养发散思维。将WebQuest用于写作教学十分适合。教师可以设计供写作的主题，可以是命题作文，也可以是无题作文。学生可根据自己的实际情况和兴趣，自主选择自己所需要的资料和信息，在网上进行调研，共同讨论，集体创作，最后展示与评价作品。在此过程中，学生会在网络环境下自主学习中不断获得认知和灵感，以自己母语和外语范围内获得的环境经验为出发点，处理和评价信息，产生头脑风暴，不断提出问题，并把解决问题的辅助手段置于解决问题的关系之中,追求个性和独创性,用自己的策略寻找解决与其学习目的有关的问题的办法,经历一个发现问题—认识问题—解决问题的过程。探究性学习能够使学生围绕社会生活的实际问题进行自主探索、自主发现,是一种基于问题解决的学习、基于协作交流的学习、基于资源共享的学习。

（三）交互协作性原则

在网络环境下,支撑学生开展自主英语学习活动的主要支点就是交互协作性,网络英语课程的一个重要特征就是交互性强,这也是网络英语课堂成功的关键所在。与传统英语课堂相比,网络英语课程的交互性主要体现在以下两个方面：

第一,网络英语课堂更具有个性化特征,能够实现人机互动、生生互动、师生互动,满足了参与个体的不同互动需求,而且这种互动只受互动主体之间的影响与制约,时间、空间等外部因素对其影响相对较小。

第二,人机互动打破了传统英语课堂教学一对多的模式限制,采用一对一英语教学机制,充分调动了学生与教师的积极性,教师和学生都能在高质量的即时反馈中及时调整教与学的节奏与步调,与传统英语课堂教学相比具有极大的优势。

交互性强的英语学习模式能够增强团体内的凝聚力,增强学生与他人合作的意识,培养学生与他人合作的能力,有利于学生养成积极主动的学习态度,增强学生责任心,培养学生的创新品质；有利于教师充分发挥引导者的角色价值,在开展教学活动增进学生知识的同时,也使自己的教学素养得到全面提升。这种交互协作性学习能够充分发挥教师与学生的能动性与创造性,促成双方对教与学问题的深度思考。

因此,在大学英语教学中,应适时利用网络学习资源与平台完成教学任务。可以根据本校实际情况搭建适宜的教学平台,教师在学生初次使用教学平台时应给予学生充分的指导,使学生完全掌握平台使用规则。学生在学校搭建的网络英语学习平台上学习时,应积极与教师、同学、平台进行互动,在群体教学环境下的个体学习过程中,查漏补缺,弥补不足之处,通过平台留言区或者邮箱以及微信等第三方交流平台畅所欲言。

第八章　新媒体时代下的大学英语教学方法创新之自主学习

在设计网络教学课件内容时，应注重增强其交互性。在网络环境下，学生能够自主学习，自己把握学习的进度，并对教学内容及时反馈。但需要注意的是，自主学习并不等于封闭学习，如果教师在设计英语课件内容时未考虑到交互性原则，那么学生与教师、同学、平台之间的连接就会变弱，学生就无法实现与外界的有效交流，也就不容易注意到自身视野之外的信息，不利于学生在英语学习过程中集思广益，这将在一定程度上对学生的英语学习造成不良影响。在设计校内英语教学平台时，设计者应充分考虑学生的需求，积极开发或者应用便于学生交流互动的渠道，使学生能够及时交流、沟通对于英语教学内容的不同见解，从而发挥集体的力量，聚众智。另外，设计者在平台设计初期就应该考虑到创设良好的教学情境，以提高学生的听、说、读、写、译能力为目标，结合多媒体教学工具，为学生提供视听影音相结合的学习资源，通过刺激学生的多种感官促进学生对学习内容的理解与记忆。

校内英语教学平台设计者应充分发挥网络环境的优势，通过平台设计实现人机互动这一最大优势。在具体的英语教学内容设置上，设计者可以为学生提供多选项服务，给学生以广阔的学习选择空间。学生在自主学习过程中通过选项设置可以筛选自己需要的学习资源，可以选择最舒适的学习模式，可以使用自己最喜欢的教学工具，选择最符合个人学习习惯的教学方案与形式。平台设计者应摒弃学生作为单纯的平台信息接收者的观念，在设计时将学生、平台和教师看作一个个信息节点，充分考虑学生对平台的反馈，完善学生对平台的评价与反馈机制，以便于日后更好地改进平台设计，服务学生，从而实现信息节点之间的沟通与交流。在具体的教学环节，设计者可以加入实践性较强的学习环节，比如语音录入、限时话题写作比拼等，将参与课程的学生凝聚在一起。适时、适当的竞争能够激发学生内心的学习积极性，使学生在同一个知识网络中共同进步。另外，平台设计者还应充分参考校内英语教材，结合学生的实际学习内容，设计线上与线下相结合的英语学习模块，为学生在线下课堂中的学习提供便捷，构建英语课堂的在线学习模式，拓展学生的线下学习空间，丰富学生的线下学习资源，为学生的线下学习提供多样化的形式，增强学生在学习过程中的新鲜感。

二、新媒体时代下大学英语网络自主学习的对策

（一）明确教学目标

教学要想成功，首先要保证教学目标制定得明确而合理。在传统的英语教学中，教学目标一般由教师或学校来制定，学生基本不参与，而只在学习过程中按照教师讲授的内容进行学习，没有太多的自主性。因此，学生对教学目标的了解知之甚少，教师在课堂上教授什么知识，学生就学习什么知识。在这样的教学模式下，学生的自主学习意识往往较为薄弱。鉴于这一点，教师应让学生在开始自主学习之前就明确自己的教学目标，具体应做到以下两点。

第一，让学生参与教学目标的制订。学生参与教学目标的制订不但可以提高教学目标制订的合理性，还会增强学生的自主意识和责任感，使学生感到自己在教学过程中的重要作用，同时又有助于学生根据教学目标的变化，随时调节自己的学习方法和策略，提高自主学习能力。

第二，不仅要让学生了解各个阶段的目标，还要让他们了解每个单元、每节课的具体目标，使他们的学习更具有针对性和指向性。学生和教师在教学中不断合作，并对不合理的教学目标提出意见。教师应认真对待学生提出的意见，对其进行合理的分析，采纳其合理部分。

（二）转变教师角色

大学英语教学中要想提高学生自主学习的能力，教师首先要意识到传统教学和自主学习中自身角色的不同，并改变传统的教学观念，认识到学生学习的主体地位，积极地引导学生在英语学习中主动探索、交流合作，从而拓展学生学习英语的渠道，使学生养成自主学习的意识和习惯。

具体来说，教师必须尊重学生，尊重他们的人格、意见；对学生的不同意见或错误不能用指令式、裁判式、批评式的语言对待，更不能讽刺挖苦，而应多指点、多鼓励，使学生学会多角度地看问题、发表见解，努力营造一种教学相长、和谐平等的英语课堂氛围，从而使学生始终保持探究英语知识、学习英语技能的主动性和积极性。

（三）开展需求分析

教师进行教学活动的最终目的是提升学习者的综合语言能力，因此要想达到理想的教学效果，就必须对学生进行深入细致的需求分析。需求分析是实施自主学习的前提条件。具体来说，需求分析包括个体与整体两个层次。从个体层次上来看，教师应根据学生的个性差异以及做出的需求分析来帮助他们确立学习目标，制订学习计划。从整体层次上来看，教师要对学习者的个体需求进行综合考虑，并据此对自己的教学进行适度的调整和改进，以便更好地与学生的学习计划相适应。

（四）激发自主学习兴趣

兴趣是学习英语不可或缺的因素，增加符合学习者自身兴趣的自主性学习活动对开发他们的潜能、激发他们对学习的兴趣具有十分重要的作用。然而在传统的教学模式中，学习者是知识的被动接受者，这很容易使学生丧失学习的兴趣。因此，要想自主学习取得成功，教师首先要改变传统的教学模式，变以教师为中心为以学生为中心，充分激发学生的兴趣，使学生更加积极地参与到课堂活动中来，从而提高学习的效果。

另外，教师还应逐渐消除学习者的消极依赖心理，帮助挖掘学习者学习的动机，激发学习者的学习兴趣，引导他们发挥主体作用，以便更好地促进英语语言的学习。大量开展课外学习活动对培养学习者的自学钻研精神、增强自学能力也是颇有裨益的。

（五）培养自主学习习惯

要想使学生成为独立自主的学习者，教师必须培养学生自主学习的习惯。因为学生一旦养成自主学习的习惯，就能有效地扬长避短，有计划地完成自己的学习目标。培养学生自主学习的习惯可以从以下几个方面入手：

第一，帮助学生建立拼读能力，使学生了解构词规律，并训练学生养成良好的书写习惯、阅读习惯、口语习惯、听力习惯等。

第二，引导学生掌握英语宏观层面的内容，同时告诫他们不要忽视语言微观层面的内容。

第三，检查和监督学生的自学情况，积极引导学生进行课外自主学习。

(六)提高独立自主能力

要想提高学生的自主学习能力,教师应该做到以下几点:

第一,培养学生的自主学习意识和自主思考能力。思考是激发潜能、获得知识的一个重要方法,长期的独立思考有助于学生抓住问题的本质,举一反三、由此及彼。

第二,增加学生自主学习的机会。在独立思考的基础上,大量的自主学习活动有助于将学生思考的结果付诸实践,在实践中检验自己思考的内容,从实践中获得新的东西。

第三,充分利用工具书、多媒体、网络等辅助工具。这一方面能够培养学生自己检索资料、自主学习的能力;另一方面也有助于学生在资料的分析、对比中获得更加正确、丰富的知识。

(七)优化自主学习资源

传统的英语教学难以达到预期的教学效果,其中一个重要的原因就是学习资源脱离生活,内容单一。而自主学习的资源因素要求提供真实的学习材料,配备现代化的多媒体网络平台或建立自主语言学习中心,组织自主性的学习活动,使学生能够接近真实的语言使用者和其他语言学习者。所以,教师应把自己当作真实语言的使用者,尽量用地道的英语组织教学。此外,教师还应把课内资源与课外资源有机结合起来,利用多种途径增加学生接触和学习英语的机会。

第四节 新媒体时代下的大学英语自主学习监控

一、新媒体时代下的大学英语自主学习监控的重要性

(一)提升学生学习自主性

网络环境下的英语教学要求学生要有充分的学习自主性,只有学生增强学习自主性,才能明白自己真正需要的是什么,才能总结出最适合自己的学习方法。新媒体时代下,大学英语自主学习监控系统的实施能有效

提升学生的学习自主性。通过自主监控系统，学生能够完整、清晰地认识到自己在学习各个阶段的学习习惯以及学习偏好，能够更全面地了解自己的英语学习能力薄弱之处，有利于学生进行下一次英语学习活动时增强学习自主性。这种技术与教学的完美结合，拓宽了学生的学习思路与学习渠道，为学生学习素养的提升准备了条件。

（二）增强学生主体地位

新媒体时代下，大学英语自主学习监控系统的实施能够促进传统教学观念的转变，增强学生在英语教学过程中的主体地位。在自主监控系统中，学生发挥了传统教学模式下教师的部分角色职能，学生能够回顾自己的学习过程，并对自己的学习过程形成一个比较完整、清晰的自我评价。传统教学模式下教师掌握着"评价大权"，由于个体认知差异以及学生数量等主客观因素影响，教师在评价时难免有注意不到的"评价死角"，并且由于学生的个体差异，他们对教师给予自己的改进建议的接纳程度是不同的。在引入自主学习监控模式以后，学生在学习过程中实现了自我反思、自我进步，这种自我探索的过程也在一定程度上提高了学生的学习积极性。

二、新媒体时代下的大学英语自主学习监控实施的基本思路

运用、发展信息与科学技术的根本目的在于满足人类需求，促进人类社会的发展，从这个角度来看，新媒体时代下实施大学英语自主学习监控，主要是为了适应现代社会学生的英语学习需求，促进大学英语教学任务的完成以及教学模式的改进。自主学习监控系统的教学功能主要是：根据现实教学需要，设定教学计划、教学评价系统，从而完成对学习过程的监管与控制。自主学习监控系统主要由两部分组成，即内部监控与外部监控。内部监控与外部监控的关系十分紧密，内部监控优先于外部监控，外部监控对内部监控具有一定的引导作用。内部监控能够促使学生加强自我管理，是学生对自己学习过程的整体性评估。这种评估必须以一定的学习任务、学习目标为前提，否则自我评估就会失去方向。外部监控能够为内部监控提供一个适宜的评估环境，通过对学习者进行思想教育、观念教育等，使学生在平常的学校

生活中形成正确的学习观念以及良好的学习习惯。内部监控与外部监控共同发挥作用，才能有效提升学生的英语学习效果。

要想充分发挥大学英语自主学习监控的效果，应做到以下四个方面：

第一，合理的学习计划能够有效引导学生的学习活动，为学生的英语学习指明方向。

第二，学生应积极主动地完成自主监控，为达成学习目标而努力。

第三，自主监控系统也需要不断完善、改进，当系统出现问题时，设计者与维修者应及时改进。

第四，建立完善的自主监控系统的评价机制，不仅设置学生自评环节，还应增加教师建议环节以及同学评价环节，通过建立阶段性、整体性并存的评价机制，促使学生的英语学习变得更有效率。

三、新媒体时代下的大学英语自主学习监控体系的构建策略

从整体上来看，新媒体时代下的大学英语自主学习监控体系必须坚持多元参与原则，具体构建策略如下：

（一）构建学生内在监控模块

运用现代教育技术，纳入广阔的英语教育资源，通过新媒体等工具，根据英语学习课程设立学习目标，并及时对学习结果进行自我评价，培养学生的英语自主学习意识与能力，结合自身学习特点，完成学生对自己的学习监控。

（二）构建教师指导模块

教师指导模块的建设应达成以下三个方面的目标：

第一，教师应让学生真正理解自主学习的含义。不仅要让学生形成自主学习的意识，还应让学生从实际出发，向学生传授自主学习的技巧，教学生利用网络资源搜索学习内容，教给学生整理归纳网络信息的方法等，通过各种途径帮助学生找到适合自己的学习方法。

第二，关注学生。教师不仅要关注学生的平台使用情况，通过使用情况总结学生个体在学习过程中的不足之处，及时提醒学生改进学习方法，

还要关注学生的学习态度，增强学生的学习耐心与积极性，发掘大学英语自主学习监控系统的深层价值。

（三）构建教学督导评估模块

构建教学督导评估模块，有利于优化监控系统的外部实施环境，有利于促进、协调各个部门之间的工作，收集教学信息，从而更好地服务学生。同时，该模块的相关负责人应采取专家讲座等形式，积极组织对学生、教师自主学习的理论指导工作。

（四）构建教务管理模块

教务管理模块的构建应兼顾教师与学生，通过教学评价体系，获得学生的阶段性学习成果评价，根据评价内容进行成绩认定，引导学生完善自我监控过程；同时，教务管理人员应不定期地抽查教师的教案、教学成果、教学方式等，通过多方探讨对教师的教学工作进行评价，引导教师完善教学工作，从而促使其实现更好的教学效果。

（五）构建现代教育技术平台服务模块

大学英语自主学习监控体系的构建，离不开完善的平台设计与服务。校内英语平台的建设应以现代教育技术为支撑，使学生获得良好的平台使用体验。平台可以建立数据库服务系统，记录学习者的学习内容、学习时间等相关学习行为信息，基于此，数据库运用算法分析，形成专属于每个学习者的学习评估报告。这个报告以直观的形式向人们展示学习者的自主学习情况，不仅有利于学习者改进自己的学习计划，弥补学习过程中的不足之处，还有利于教师制订更适合学生的教学计划，更有利于管理部门制定更为详细的管理方案。

网络英语教学的要求以及大学英语阶段对学生自主学习能力的要求，使大学英语自主监控体系有了一个大致的框架以及部分具体的目标设定。在网络环境下，英语教学应增强交互性，不仅要实现学生与平台的交互、学生与教师的交互、学生与同学的交互，还要增强学生与管理系统、督导系统之间的交互，通过连接各方主体，使自主监控平台形成一张强大的信息网，囊括以学生学习行为信息为中心的各种教学信息，不仅增强学生学习的自主性，而且增强教师引导、管理部门管理、督导部门监督与指导的自由性、主动性。在整个体系运行过程中,各方主体的活动具有极强的针对性,这也使得自主监控系统的维稳与完善更有效率。这样的平台建构与服务体系,能够形成对学生自主学习过程的全方位监控,从而为学生的个性化自主学习提供充分的准备条件。

第九章 新媒体时代下的大学英语教师的发展

在大学英语教学中，教师是重要的组成部分，教师的综合素质以及教育能力等会对大学英语教学的效果产生比较大的影响，因而高校应该重视大学英语教师的发展。本章首先分析了大学英语教师的角色与素养，其次进一步探讨了新媒体时代给大学英语教师发展带来的机遇及发展途径，最后详细地论述了新媒体时代下大学英语教师培训路径等内容。

第一节 大学英语教师的角色与素养分析

一、大学英语教师的角色

（一）大学普通教师的角色分析

东西方由于文化的差异，对教师角色的认同存在差异，但对教师基本的认识是完全一致的。普通教师担当着如下的角色：

1. 教育者

作为教育者，教师担当着教育培养人的责任和义务。为此，教育者必须具备高度的社会责任感和强烈的敬业精神，身体力行，以身示范，去感染和影响受教育者的思想，帮助他们塑造崇高的人格。

2. 工程师

作为工程师，教师担负着塑造人格和引导改善人的任务。教育的真谛在于引导改善人，即引导人的灵魂，改善人的行为。因为教师被誉为人类灵魂工程师和行为工程师。作为工程师，教师必须具备渊博的知识和精湛的技术，设计制造出社会认同的合格、优质产品。

3. 激励者

作为激励者，教师承担着激发和鼓励受教育者求知欲望的任务。兴趣是受教育者学习的原始驱动力，欲望是受教育者成功的前提条件。教师的重要任务就是通过开展教学活动开启被教育者通往智慧的大门，激发他们求知的欲望、对知识的兴趣和渴求，同时培养和提高他们认识世界、改造世界的能力。

4. 指导者

作为指导者，教师在整个教学过程中起着指导作用，通过科学的方法引领被教育者学会学习，学会如何掌握和理解知识体系，学会如何培养技能，学会如何从一个个可知领域扩展到另外的未知的更远更深的领域。

5. 艺术家

作为艺术家，教师担当着在教学过程中传播美的角色，培养学生的审美能力，提高他们对美的鉴赏力，唤起他们对美的追求，用善于观察的双眼寻找和发现世界的美、自然的美和人性的美。

总之，英语教师作为普通教师，首先是担当教育者、工程师、激励者、指导者和艺术家的角色，不论时代如何发展变化，学科有什么不同，教学方法、手段有何变化，教师的本色不变，始终具备共性特征。

（二）大学英语教师的角色定位

英语教师除了担当以上作为普通教师的角色外，还具备作为英语这门特殊学科教师的特点。英语作为一门语言学科，具有独特的学习体系和方法。英语教师在进行语言教学时，要依照英语学科的特点指导教学，包括如何激发学生对英语的学习兴趣，怎样提高学生运用英语的能力，因而作为英语教师，他们必须承担多重角色。

1. 英语语言知识学习的帮助者和引导者

作为英语语言知识学习的帮助者和引导者，英语教师首先必须拥有精深渊博的英语语言知识储备，必须系统地掌握英语专业知识，并能分析各种英语语言现象。教师教育研究表明，英语教师应该掌握的专业知识主要包括形式知识、理论知识、实践知识、语境知识。这些知识不但包括语言形式结构知识，而且涉及语言的使用，具体包括语音知识、语法知识、词汇知识、语篇知识、测试知识、社会文化知识等。英语教师只有掌握了这些语言知识，才能对英语材料、英语语言现象做出分析说明，才能解答学生在学习英语过程中所提出的问题，才能进行适切的英语学习的理解性输出。同时，语言技能的发展和提高取决于语言知识积累的程度，语言功能通过不同的语言形式得以实现。无论采用何种教学方法，英语语言系统知识和相关知识的分析和输出是必须教授的教学内容，教师通过对英语语言知识的讲解、举例和操练等活动把英语语言知识传授给学生，因而英语专业知识基础是英语教师专业发展的必备条件，英语语言能力在英语教学中比教学方法更重要。

2. 语言技能掌握的培训者和合作者

英语教师不但是英语语言的诠释者和分析者，而且是英语语言技能的培训者和合作者。在英语语言学习的过程中，英语语言知识的掌握是必要的基础和前提条件，而发展、提高英语语言的运用能力是学习语言的目标和目的。英语教师除了担当英语基础知识的诠释者外，同时还要担任英语语言的培训者、教学的组织者和合作者。一般来说，语言技能包括听、说、读、写四种技能。从语言发展规律来看，听说为先，读写跟上；从外语教育角度来看，读写第一，听说第二。具备一定的读写能力是英语教育的目标，而把听说能力作为读写能力的前提条件。

我们应该把以培养学生阅读能力为重点转变到以提高学生综合性实用能力上来，我们必须把听力和交流放在英语教学的重要位置，并全面发展和提高学生的听、说、读、写能力。因为语言运用是一个整体的概念，是听、说、读、写的有机结合，因此，在实际教学中，大学英语教学新标准应以听、说、读、写全面发展为目标，以培养学生的输出能力为重点。因而，作为英语技能培训者的英语教师必须具备较高的纯熟的语言运用能力，否则无法驾驭语言课堂，无法娴熟地组织语言教学活动，无法完成提高学生英语语言技能的目标。

3. 中英文语言文化差异的解释者

英语教师除了作为英语语言的分析者、培训者外，还担当着中西方语言文化差异的解释者。不同的文化背景和文化传统导致了中西方在思维方式和价值观念等方面存在诸多差异，文化差异已经成为跨文化交际的障碍。从社会文化角度来看，语言是一种应用系统，具备独特的规则和规范，是文化组成中不可缺少的部分。英语语言知识、技能和文化背景知识是英语学习和教学的主要内容，语言知识和文化背景知识是学习的基础和前提，技能是发展的目标，三者可以互相促进、互相弥补、共同提高。

英语教师承担着传播本土语言文化、讲解英语文化背景知识和文化差异的任务。语言文化差异包括风俗习惯、社会制度、道德价值和思维方式等方面，它反映在语言词汇内涵、布局谋篇、言语行为实现、语言规范、认知方式和交际策略等多个方面。作为中西方语言文化差异的解释者，英语教师必须熟练掌握相关的英语背景文化知识并深谙与中国文化的差异，为此必须阅读大量的英文资料，观看原版英文电影和音像资料，积累足够的最能代表英语语言文化典型特征的第一手素材。在充当文化差异解释者的过程中，英语教师要采取客观中立的态度，文化没有好坏优劣之分，要选取不会伤害任何文化背景的素材进行差别分析。

4. 英语教学方法的探求者

英语教师不只是某种教学方法的使用者，而且是新的教学方法的探求者。语言教学是一门实践性很强的学科，因而它与教学方法有着密切的关系。英语语言知识的分析、语言技能的训练和语言文化差异的阐述与解释都需要恰当的教学方法来实现。英语的教学方法多种多样，其中有语法翻译法、听说法、情境教学法、交际教学法、任务教学法和自主学习教学法，任何一种教学方法都有其优点和不足，任何一种教学方法都不是万能的，英语教师往往综合多种教学方法来实施教学、组织教学，以便获得较好的教学效果。现代的教学方法已经从过去以"教师为中心"的理念转变为"以学生为中心"的导向，强调以学生为中心，开展师生双向互动活动，以期提高学生的学习积极性并取得良好的教学效果。

5. 英语语言环境的创设者

二语习得理论指出，语言环境对语言学习至关重要，对于在缺少目的语自然语境下的英语学习尤其如此，英语教师必须担当起为学生创设接近英语自然语境的语言学习环境的重任。教师通过创设与教学内容相关的情境，帮助学生建立新旧知识之间的联系，帮助其了解西方的文化传统习俗，在更加接近真实或模仿真实情境下运用语言，或者接受原汁原味的西方文化的熏陶和感染，这与学生单纯去进行词汇、句子的机械操练所产生的效果是截然不同的。英语语境的创设涉及课堂教学和课外活动。课堂上教师可以采用多媒体手段尽可能地为学生提供与活动主题相关的西方社会语言文化资源；课外可以组织开展各类活动，如英语角、圣诞节晚会或者拜访外籍教师等活动，增加英语语言实践的机会，提高英语语言的应用能力。

6. 英语语言教学的研究者

英语教师除了担当语言教学任务之外，还必须进行语言的研究工作。语言教学必须有语言学的指导，才能保证科学方法的应用和教学目标的实现。语言学在语言教学中的指导作用主要表现在：教学大纲的设计、教材编写和教学内容都依据语言学中对于语言属性和规律的解释以及对语言系统的描写。语言学对语言教学的启示作用表现在：各种语言理论对于语言教学原则、教学方法和语言测试的选择都起到至关重要的指导作用。英语教师通过掌握语言的性质规律和教学理论，形成自己的教学理念并指导自己的教学实践，达到提高教学效果的目的。因而，英语教师在进行英语语言教学实践的同时，必须进行英语语言教学的理论研究来指导和促进教学，把教学研究和课堂教学实践紧密结合起来，实现从理论到实践再到理论的升华。

作为一名大学英语教师，必须成为英语语言知识学习的帮助者和引导者、英语语言技能掌握的培训者和合作者、中英文语言文化差异的解释者、英语教学方法的探求者、英语语言环境的创设者和英语语言教学的研究者。可以看出，大学英语教师除了应该具备对大学生进行通识教育的本领，还必须兼具大学英语教师的各项专门知识和技能，以及扮演好以上所提到的角色。

二、大学英语教师的素养

教师作为教育体系中十分重要的构成要素，他们自身素养的高低对教育的最终效果具有直接且显著的影响。在我国，英语教学随着社会的发展在进行着全方位的改革，其中英语教师同样面临着新形势所带来的各种挑战。对于每一位优秀的英语教师而言，不仅需要重视教学工作的每一个过程，还要时刻注意提高自己的各方面素养。只有这样，才能为学生的学习树立一个好榜样，才能带领学生取得令自己满意的教学效果。

（一）教学素养

1. 创造性的教学思维

在思维领域，创造性思维是最高的形式，是有价值的思维形式。所谓创造性思维，是指运用新方式、新技术来解决问题、处理问题。创造性思维具有四个基本特征：

（1）独特性。其能够打破常规，从独特的角度来发现与解决问题。

（2）多向性。其包含发散性思维与聚合性思维。

（3）综合性。通过综合和分析归纳，抓住事物的主要矛盾和矛盾的主要方面。

（4）发展性。对事物的发展应该具有预见性，进而推测事物发展的趋势。

在新的社会环境下，英语教师应该充分利用各种教学资源进行教育创新和教育科研。独特性思维要求教师对中英文信息资源有足够的掌握，从而设计出个性的教学模式和方法。多向性思维要求教师具备对教学资源进行归纳的能力，从而优化自己的教学效果。综合性思维要求教师具备将英语学科与科学技术进行整合的能力，将科学技术最大化地运用到英语教学中。发展性思维要求教师的眼光具有前瞻性，跟着技术发展预测教学的发展前景。

2. 精湛的专业水准和知识储备

新时期的英语教师需要具备精湛的专业水准和知识储备，即扎实的语言基本功。所谓语言基本功，是指教师能够驾驭和把握英语语言知识及语言技能，能够得心应手地运用英语这门语言进行授课，这是对英语教师最基本的素质要求。

在当前新时期，教师最重要的业务素质是较强的口语表达能力及较强的写作能力。这是因为在新时期英语教师和学生往往通过文字与声音来交流，如果教师能够表达清晰，那么必然会与学生很好地完成沟通。可以说，语言丰富多彩、文字表达准确流畅是教师的必备素质。同时，教师还需要引导学生培养自己的批判性思维，掌握不同文化的差异性，有选择地吸收他国文化，激发学生使用英语语言的兴趣，并使学生能够从中感悟人生。

除了具备基本的知识储备，英语教师还应该拥有运用现有知识和技能来学习其他信息、知识的能力。这是因为在新时期问题讨论都具有开放性，既不能预测，也不能设定结果。也就是说，教师和学生站在同一起点上，如果教师没有足够多的知识储备，那么就很难引领学生进入下一阶段的学习，也无法在学生面前展示出教师的形象。

3. 新颖的教育理念

通过对新时期的英语教学进行研究可知，外语习得是学生在一定的社会文化背景下，通过他人的帮助，利用其他学习资料，以意义建构的形式来获取外语语言能力。这一新颖的教育理念要求教师以学生为中心，教师的责任是指导学生，并参与学生的互动。事实上，教师和学生都是主体，教师主要起教的作用，而学生起学的作用，因此互动主体课堂理念不仅没有将教师的意义抛之于外，反而更注重教师的监督和管理作用。也就是说，教师发挥的作用更重要。

在课堂上，教师与学生之间进行交流活动，可以是个人展示，也可以是分组活动；可以先讨论再展示，也可以先陈述观点再讨论点评。基于这一教学理念，教师作为教的主体，应充分发挥指导作用，在课前对相关教学资料进行搜索，设计相关的语言活动主题，为学生布置课堂上的活动任务，激发学生参与的积极性与主动性，并要求学生在课下通过网络搜集资料、进行交流讨论等。就课堂上的交流活动而言，可以播放视频，也可以制作PPT课件；可以先让学生个人陈述观点，后进行讨论点评，也可以先讨论，后展示；可以是个人展示，也可以是小组活动。生生互动和师生互动的课堂延伸活动与教师的监测都可以在课堂教学中进行，使学习活动任务在教学中构成一个统一的整体。

4. 丰富的教学方法

在新的时代环境下，英语教师的角色发生了重大改变，教师充当的是教学的设计者、学生学习协作者的角色。教师与学生之间是互助合作的伙伴关系，学生是任务的操控者和实践者，因此教师的教学方法必然会发生改变。在新的时期，教师不应仅使用单一的口述教学法，而应该借助多种教学方法对教学内容进行展示。例如，教师在开展网络多媒体辅助下的英语教学时，可以将课堂、个别、自学等形式结合起来，随时了解学生的学习情况，学生也能够选择适合自己的学习方法和内容。此外，教师可以优化传统的教学法，如暗示教学法、合作教学法、案例教学法、启发教学法等，加强这些教学方法的合理利用，弥补之前教学法的不足，从而大大提升学生的兴趣和积极性，也提高整个英语教学的效果。

（二）科研素养

理论来源于实践，而教学理论也来源于具体的科研实践。科研实践是检验科研理论的基础。教育教学将理论与实践相结合，而教学实践也需要科研理论的指导，新的科研理论方法产生于教学实践，二者相互促进、相互补充、共同发展。

在当前社会形势下，英语教师需要具备非凡的科研能力。首先，教师要掌握基本的研究方法，如教学实验法、问卷调查法、访谈法、文献法、个案研究法等。在具体的实施中，教师可以从自己的需要出发，选择与自己相符合的研究方法。其次，英语教师还需要具备信息加工、网络搜索、信息反馈等科研能力。

（三）职业素养

教师职业道德是一名教师基本的行为操守和道德品行，是教师在教学过程中调控与国家、社会、学生之间关系时应该遵循的道德意识、道德规范、道德情操的综合。无论教学模式、教学形式如何变化，对教师的职业道德要求是永远不会改变的。在新时期的英语教学中，教师在与学生进行交流时必然会遇到学生提出的多种疑问和见解，因此教师需要具备过硬的品德修养、较强的耐心和责任心，对学生的成长倍加关注，帮助学生答疑解惑。

教师高尚的职业道德要求他们对待学生循循善诱、宽厚待人，善于关注学生的身心健康。教师首先要对学生的心理特点了解清楚，帮助学生在新时期构建正确的价值观与人生观，构筑积极、健康的心态和体态。在新时期，学生必然会受虚拟环境的影响，其接受的海量信息也必然是复杂的，他们的心灵也会随之受到冲击和考验。同时，学生具有个性化、多样化的特点，因此他们更加注重个体对事物的体验，对平等、个性等有着极大的认同感，这种敏感的认同必然会令学生产生很多问题。

因此，英语教师应该帮助学生培养自己的品德，通过与学生沟通，了解学生的心理动向；也可以给学生推荐一些必读物，使学生为更好地参与校园活动，树立正确的人生目标，与同学和谐地相处做好准备。在新的时代环境下，教师可以借助互联网技术给学生提供有价值的电子书与视频文件，帮助学生树立积极向上的心态。学生可以建立QQ群、讨论组、微信群等，相互交流，及时帮助其他同学解决遇到的学习问题，杜绝各类恶性事件的发生。

（四）信息素养

"信息素养"这一概念是1974年由美国信息产业协会主席保罗·泽考斯基（Paul Zurkowski）提出的。一个人具有较高的信息素养，他就能认识到完整与精确的信息，这些信息是做出合理决策的基本；他能够确定对信息的需求，形成基于这些需求的问题；他能够确定哪些信息源是潜在的，从而根据这些信息源制订成功的检索方式；他具有获取、组织、使用、评价信息的能力。因此，英语教师需要养成信息化教学的习惯，使自己的知识向着多样化的方向发展。

在新时期，英语教师提高教学质量的关键在于对现代技术的掌握和具备较高的信息素养。具体来说，英语教师需要做到如下四点：

（1）具备良好的信息意识，能够从复杂的信息结构中捕捉到有效的信息，把握英语这门学科的动向。同时，教师要能够抓住学生的信息，对他们的心态与体态有一个基本的把握，从而为保证学生的健康发展奠定基础。

（2）具备较强的信息获取、信息存储、信息加工、信息筛选、信息更新、信息创造的能力，这是教师具备较强的信息素养的核心。由于各类信息的复杂性与变化性，英语教师需要对相关有价值的信息进行辨别，并且能够对这些信息进行加工和利用。

（3）具备较强的信息运用和创造的能力，这是英语教师与其他职业人员在信息素养上有明显区别的特征。

（4）具备了解最新动态、及时捕捉前沿信息的能力。

此外，在新的时代环境下，英语教学中会经常使用计算机，这就要求英语教师具有较强的计算机工具使用能力。这主要包括制作英语课件的能力与音频、视频编辑能力。英语教师应熟练使用PPT等工具制作单机版与网络版的多媒体课件。此外，英语教师还应充分利用计算机软件对通过网络下载的图形图像、视频音频等具体的教学资源加以编辑与集成。

第二节　新媒体时代给大学英语教师发展带来的机遇及发展途径

一、新媒体时代给大学英语教师发展带来的机遇

（一）教学资源方面

互联网、云技术的发展给英语教学资源提供了广阔的平台。教师可以利用网络资源，丰富课堂教学，结合当代学生感兴趣的内容，以学生的感受作为切入点，激发学生对英语学习的兴趣，活跃课堂气氛。慕课、网易公开课等都为大数据时代下的英语教学提供了便利。高校英语课程教学要求积极引进和使用计算机多媒体、网络技术等现代化的教学手段，改善学校的英语教学条件。同时，为了保证网络学习的学习效果，也应当给予面对面的学习辅导。

现如今的学生，其特点是个性张扬、好奇心重、被各式各样的信息充斥着生活。传统且一成不变的课本很难激发他们的学习兴趣，而大数据恰好弥补了这一不足。高校英语教师可以利用大数据时代的资源优势，通过各种先进的网络教学平台和网络教学资源，结合学生感兴趣的内容，提升英语课堂的吸引力，从而激发学生的学习热情。

（二）教师角色方面

与传统教学模式相比，在大数据背景下的教师角色也发生着相应的变化。教师由传统的课堂"知识的主导者"变成了"知识的整合者"。课堂

由原先的教师为主导，学生只是被动的信息接收者变成了主动的信息参与收集者。与原先"填鸭式"的教育模式相比，大数据背景下的教学变成了学生为主导的课堂。学习的重心由教师转移到了学生身上，课堂不再是教师唱"独角戏"。学生可以更多地参与到课堂教学中来，主导课堂。教师可以利用大数据背景下的教学优势，将教学资源有选择性地提供给学生，满足学生的学习需求。

（三）师生关系方面

学生在大数据时代的背景下，会接触更多不同的思想潮流。随着互联网的发展，西方的各种公开课也更容易让中国学生下载或在线观看。与从小被教育的教师的绝对权威相比，学生逐渐偏向自由平等的学术氛围。教师通过角色的转换，由之前的导学者变成学生的合作者；学生也从单纯的知识接受者转变为主动的知识索取者。传统的课堂师生关系被形容成演员与观众、保姆与婴儿、说书人与听众的关系，而在现如今的大数据时代，师生关系更像是医生和患者的关系。医生需要根据每个病人不同的情况给出不同的诊断，不能照葫芦画瓢千篇一律，而教师应该尽量给予学生开放、平等、因人而异的教学方法。教师通过整合教学资源，可以针对不同学生的能力、背景、基础、喜好等，为学生提供个性化的学习指导，增加彼此的互动。这样既尊重了学生个体化的学习需求，又提升了学生的学习效率，拉近了师生关系。

（四）教学评价和课程设计方面

首先，传统英语课堂教学就是以教师备课、课堂讲授为主，学生几乎不参与到课程设计和教学资源选择之中。而借助大数据的互联网应用，英语课堂的设计模式要逐步由书本的语言点讲授向实际情境下的语言运用能力方面转变。教师可以根据不同学生的专业、水平和特点找寻适合他们的教学资源，并且要引领学生学会自主学习。利用发达的互联网技术，找到属于自己个性化的学习资源和方法，让英语不再是枯燥无味的语言点，而是一种可以帮助自己在现实生活中解决实际问题的工具。

其次，在教学评价方面，众所周知，传统教育的评价方式主要是总结性评价，即忽略学生平时的表现，仅以一到两次的考试分数作为最后的成绩。这往往忽略了学生在学习过程中的各项指标，如平时成绩、出勤率、学习态度、学习效率等。而在大数据背景下，整个学习过程中各项资料的收集分析，恰好为最终的教学评价提供了更多的参考依据，有助于教师对学生进行更公平、客观、合理的教学评价，即形成性评价。同时，对于教师的评教工作也应当有学生、督导和同行教师的参与，提出意见和建议，帮助教师通过大量的数据对比分析，进行教学反思，从而改进教学方法，提升教学效果。

二、新媒体时代大学英语教师发展的途径

我国大学英语教师存在学历偏低、研究能力较弱、基础课程教学任务过重等问题。与此同时，教师们还面临着职业发展困境和选择发展路径等问题。而大数据时代导致的学生主体和教学内部变化进一步加重了大学英语教师的负担，只有选择正确的发展路径，教师才能更好地承担大学英语教育这一工作。

（一）转变英语教学理念

如今，部分英语教师的教学理念仍停留在传统的教学模式中，比如教师是课堂的掌控者、主体，学生英语学习过程的每一步都是教师说了算，上课仍然采取知识灌输模式，始终认为只有教师的手把手教学模式才能让学生获取尽可能多的知识。其中一部分教师还对网络等新媒体持有否定态度，认为网络只能维持学生的一时新鲜感，不能在实际教学过程中发挥显著作用。这部分教师应积极转变教学理念，充分认识到网络与新媒体的重要价值，并从心底真正地接纳新事物，增强自身的求知欲与实践精神，借鉴其他英语教师的网络实用经验与心得，根据实际情况进行调整，从而在自己的教学课中应用网络工具。以教学计划为前提，教师应积极搜集网络学习资源，以更为直观的呈现形式展现在学生面前，并结合当下最具进步性的教学理论与方法，对自己的教学计划做出调整。

（二）学习教学专业技能

新媒体时代下，教学工具与手段的创新对教师的教学技能提出了新要

求。现如今，新媒体产业蓬勃发展，互联网技术也呈现出日新月异的发展局面，融媒体等新式媒介层出不穷，传统的英语教学技能已经跟不上时代的脚步，不能完全适应新时期的发展要求。因此，大学英语教师应该秉持终身学习的态度，积极学习教学新技能，全面创新教学方法，以此追赶时代潮流。在此过程中，大学英语教师应格外注重信息意识的培养，对信息要有敏锐的感知能力与辨识能力，要熟练掌握驾驭信息的技巧，做到正确看待并处理信息。

另外，教师还应该转变技能学习态度，变被动为主动。在信息化时代的影响下，教师应积极了解时代热点，把握时代发展趋势，要善于从新事物中看到英语教学发展的可能性，主动学习新知识、新技能，并积极将新知识、新技能应用于英语教学领域，不仅要在学校组织技能培训时积极报名，还应开阔教学视野，拓展教学空间，全面提升自身教学素养与个人素质，实现动态的终身发展。

（三）完善多学科知识结构

随着网络技术的发展，社会各方的融合趋势日益加强，教育行业也不例外，各学科之间的融合趋势日益显著。为适应时代发展趋势，充分融入教育行业的发展进程，英语教师应积极完善自身知识结构，综合多个学科，提高教学能力。

第一，作为英语教师，扎实的专业课基本功是最基础的，英语教师必须对英语的基础知识有一个系统、全面的把握；第二，英语教师还应增强跨文化交际能力，不仅熟悉英语基础知识，更要熟悉西方英语国家的文化、社会知识等；第三，要掌握专业的教育理论与技能，增强协作能力，熟知教学的每个步骤，并依据教学实际情况加以改进，大胆创新。

多学科知识结构的完善，有利于教师提高个人涵养，有利于全面提升教师的教学素养，不仅促进教师的个人全面发展，还对教育行业产生巨大的积极影响。

（四）整合英语资源，开展个性化教学

关注学生不同特点和个性差异，发展每一个学生的优势潜能。因此，个性化教学是我国大学英语教育未来发展的一个主要方向。具体来说，教

师必须深入了解学生的英语基础、学习特点和个性特点，为学生整合资源，有针对性地指导学生学习。这就要求教师必须掌握大数据技术，采用合理的分析方法为学生提供个性化教学，从而使学生对英语学习产生更加浓厚的兴趣，最终提高自身的英语水平。

（五）改进课堂教学，提高应用能力

在大数据时代，不仅学习资源更加丰富，学习途径也更加多元化，学生、家长、社会对大学英语课堂的期望越来越高。对此，大学英语教师应该做到以下几点：

（1）充分掌握学生的相关数据，在数据分析的基础上改进课堂教学模式。

（2）广泛采用交际教学法和任务教学法，加强听、说、读、写、译方面的训练，提高学生的英语应用能力。

（3）坚持以学生为中心，增强学生的主人翁意识，使他们化被动接受为主动学习，全身心地投入课堂学习中来。

（4）注意学生学习兴趣的培养，充分调动他们的学习积极性。

（5）注意培养学生的英语思维能力和英语文化意识，提高他们的跨文化交际能力。

（六）顺应教改趋势，做好分化转型

不同的学生有着不同的个性、年龄、智力水平、学习潜力等内在特质，这些因素决定了他们对教学内容、教学方法、教学手段等的择取。因此，个性化教学的实施必然要打破以往统一、通用的授课模式，转而走上分化教学的道路，即"基础英语（必修课）+英语技能强化课程（选修课）+专门用途英语（选修课）"。

（1）基础英语的授课内容与现在通用英语教学相同，不同的是，授课时间大大缩短，只有两个学期左右。当然，这个时间并不固定，每个学校可根据实际的生源状况进行调整。

（2）英语技能强化课程，顾名思义，就是专门针对听、说、读、写、译五项技能的提高而开设的课程，目的是重点提高单项技能。学生可根据自己的需求进行选择。

（3）专门用途英语是专业领域的英语课程，同时教授专业知识和英语知识，致力于提高学生用英语学习专业知识、解决专业问题的能力。学生可根据自身需要进行选择。

以上三种课程的设置也给大学英语教师以明确的提示，作为大学英语教师，他们必须不断提高自身素质，不仅要能上基础英语课，还要能上专门用途英语课，这样才能适应学生多元发展的需要。

（七）参加培训研修，提高教学科研水平

面对大数据时代的挑战，教师必须正视目前存在的种种问题，不断提高自身修养，要多参加专业培训提高专业素养，参加学术会议开阔视野，参加专题研究提高科研能力。另外，还要锻炼自己运用大数据分析和解决问题的能力、开展新型课堂教学的能力，实现综合素质的全面提升，以适应未来大学英语教学要求。

（八）发展提高模式，提升教师素质

发展提高模式主要研究的是三大模式：专业引领模式、教学实践模式、自导式学习模式。在三大模式的指导下，发展提高模式可以大大提升大学英语教师的素质。

1. 专业引领模式

当前，我国的高校教学改革正在如火如荼地进行，先进的理念只有通过研究者与骨干教师等高层次人员的协助与带领，才能促进教师的专业和素质发展。通常情况下，能够起专业引领作用的一般是教育研究的专家、行家、专业研究人员、资深教师。大学英语教师通过向这些人士学习，能够接触英语教学领域先进的经验、技术、思想，从而推动自身的专业化素质发展。具体来说，专业引领模式包括以下内容：

（1）专业引领模式要求将专家、英语教师双方的积极性和能动性发挥出来。引领人员不同，其侧重点也不同。科研专家注重的是教育教学的理论，因此其引领的是科研理论与实践的紧密结合。英语骨干教师注重的是教育教学的实践，因此其引领的是教育教学活动的具体实践操作。但是，无论是科研专家，还是骨干教师，他们都需要具备较高的专业引领能力，既能够在理论上给予专门的指导，又能够在具体的教学活动中给予建议，同时还能够给予适当的指导，以行之有效的方法来帮助教师开展具体的教学活动。

对于被引领教师来说，他们应该积极主动地配合科研专家、骨干教师的工作，对他们给予的意见和建议应该认真听取，从而对自己的教学活动进行总结和分析，反思自己之前的教学活动，从而不断提升自身的综合素质。

（2）专业引领模式要求目标明确、内容正确、方法恰当。高校的大学英语教师专业发展的总目标是能够掌握新知识、新信息，并且能够运用这些新知识、新信息来提高专业素质。事实上，大学英语教师存在着个体差异，因此其在水平上和专业发展方向上也必然不同。因此，在进行专业引领时，应该从不同教师的实际情况出发，制订科学合理的目标，选择针对性强的内容与方法来进行引领，从而实现引领的有效性和合理性。

（3）专业引领要到位，而不越位。专业引领人员的引领对于大学英语教师来说，只是提供了必要的引导和帮助，并不是完全代替教师，因此不能越俎代庖。这是因为在专业发展的路途中，英语教师是真正的主体，其实践与独立思考等活动不能被专业引领人员代替。因此，在专业引领中，应该让教师自己独立地进行理论研究教育，不断提升不同教师的理论与实践水平。

2. 教学实践模式

在基于网络多媒体的大学英语教师的专业发展中，教学实践是不可或缺的。教学实践模式是指将教师的专业发展与平时的授课联系起来。在该模式中，英语教师的发展主要在日常课堂中体现出来，而教师发展的动力也在于日常教学实践中。只有通过日常的教学实践，教师和学生才能共同发展。在教学实践模式的实施中，应该注意把握以下几个方面：

（1）在英语课堂中，教师对教学内容的设计、选择以及教学方法的采用往往会对课堂起直接的影响作用，这不是外在因素能够减弱的，它们决定着学生学业表现的提高。

（2）在英语课堂中，学生是学习者的角色，而教师也是学习者的角色，教师与学生共同参与互动体现了教学效果的核心，因此应该对二者的共同提高予以关注。

（3）通过课堂教育与发展这一理念，教师应该将课堂场景与社会紧密联系起来，实现英语教学、社会、个人相结合。

3. 自导式学习模式

根据建构主义学习理论，学生在进行学习时需要发挥自己的主观能动作用，通过积极主动的学习来获取英语知识。大学英语教学中教师在不断发展和成熟，应该认识到自主学习对于学生的重要意义。因此，基于网络多媒体的大学英语教师还需要引导学生进行自导式学习，培养学生养成自主学习的习惯，促进学生自身的发展。

另外，教师要坚持用发展的眼光来要求自己，不断更新自己的知识储备，将新旧知识结合起来，以更好地推进大学英语教学工作。

第三节 新媒体时代下大学英语教师培训路径

一、转变传统的英语教师角色，更新教学理念

新媒体时代下，应培训英语教师及时更改以往的教学理念，尊重现实，设立适应现代社会新变化的培训目标，向英语教师传达"以学生为中心""以学生为主体"的教学思想，鼓励英语教师采用多种手段与途径，扭转学生长期以来形成的被动的英语学习态度，促进学生学习的积极性与主动性的提高。要让英语教师明白，教学工作的开展主要应达成"教书""育人"两个目的，其中"育人"目的更为重要，要求英语教师不仅要提高学生的英语学习能力，更要激发学生的潜能，促进学生全身心的健康发展。

二、加强综合素质培养，提高英语教师的教学能力

在英语教师的培训阶段，应增强受训者的综合素质，通过制订定期培训计划、拔高计划等形式，让受训者对专业素质的培养重视起来。通过教学实践竞赛提高英语教师的英语教学实践能力，使其更具有专业素养；通

过与不同教育行业、不同社会行业之间的合作活动，比如职业教育与英语教学的合作，又比如科技应用与英语教学的合作等，将社会优秀成果转化为英语教学工具，充分利用新媒体等媒介，实现教育行业内部以及不同行业之间的强强联合，促进英语教学的发展。

三、加强信息化素质培养，提高英语教师的新媒体制作能力

新媒体时代下，大学英语教学活动对英语教师的技能要求变得丰富起来，教师对新媒体的使用频率上升，课件制作、影音学习资料的使用等都要求教师掌握一定的新媒体使用与制作技能。各大院校应积极开展面向教师的新媒体制作技术课程，创设多样化的网络教学情境，增强教师搜索、归纳、使用网络信息的能力；在校内课程教学平台上，增设师师互动板块，将教师的优秀课件作品制作展出，并设置教师交流区，鼓励各学科教师踊跃发言，互相交流心得与经验。同时，在日常教学活动中，向教师宣传混合式教学模式，为教师提供一定的技术支撑与教学平台，综合应用多种线上课堂平台，如微课、慕课、翻转课堂等，逐渐提高教师的新媒体制作能力，提高教师的信息素养。

四、充分运用课堂模拟演练式教学方法

（一）英语教师的职前培训现状

1. 培训目标不明确

在英语教师的职前培训阶段，大学教育占主要组成部分，与之相关的专业课程包括英语、教育等，这些课程知识的设置往往缺乏对学生以后职业发展的目标设置，因而无法建立具体细致的英语教师职前培训目标。因此，与英语教师职前培训相关的大学教学课程都应设置相应的教学目标，考虑到本专业学生将来成为英语教师的可能性，增设英语教师基本教学技能课程，以"培养全能型人才"为教学目标，培养更具使用价值的英语教师储备人才。

2. 课程设置不合理

大多数的高校英语课程都比较重视专业课程，这让英语课程无法与其他课程进行很好的融合，既不能与教育学课程进行很好的融合，也不能与教育心理学等课程进行很好的融合。在学校学习期间，不少英语专业的师范生对英语学习形成了错误的认知，在他们看来，英语听、说、读、写知识的掌握更为重要，因而他们会将自己大部分的时间与精力放在这些知识的学习上，相对来说，在教育教学理论学习与教学技能掌握方面花费的时间与精力并不多，这就导致学生的知识结构并不完善。学生将自己许多的时间与精力放在专业课程上，这就意味着他们没有多余的时间去进行专业技能训练，因而无法掌握较高的教学技能，当其最终走上教学岗位之后，其作为教师的专业权威性就可能无法树立起来。

3. 教学和评价方式单一

不少学校已经广泛使用了新媒体技术，新媒体技术在高校英语教学中的应用是可行的，也是必要的，在一定程度上提高了高校英语教学的质量。但笔者必须指出的是，许多英语教师依然没有接受新媒体，他们在英语课堂上依然坚持传统的教学方法，这让学生只能单纯地掌握英语语言基础知识，缺乏英语技能训练，对西方文化知识没有足够的了解。另外，教师在对学生进行评价时所使用的评价方式也比较单一，他们往往还是将学生的成绩看作评判学生学习质量好坏的标准，并且只是单纯地对学生的期中、期末成绩进行评定，没有考查学生学习的过程。单一的评价方式使学生在继续教育上出现了严重的学习动力不足问题，甚至对于他们的长期学习也是不利的。很明显，教师在以后对学生的评价中不能过于单纯地使用一种评价方式，而是应该总结教学经验，吸收一些先进的评价理念，探索新的评价方式，并将其运用在对学生的评价上。

4. 教学实践和理论知识分离

教师掌握专业知识是其开展教学活动的基础与前提，除此之外，教师应该多参与技能训练活动，不断提升自己的英语专业技能。对于一些新教师，其在参与培训的过程中往往会出现对教学培训与学习的重点不清楚的问题，主要表现为过分重视理论知识学习，忽视实践训练。新教师往往有着很大的教学热情，想要取得不错的教学成绩，但他们没有丰富的教学经验，以至于教学实践能力也不高。这些都导致他们无法很好地适应新工作，其需要经过一段时间之后才能"上道"。当前的英语教师培训机制并不完善，高校应该基于英语教师培训的实际需要，向英语教师提供合适的培训内容，使其在参与培训之后就能掌握更多先进的教育理念，同时提高自己的教学水平。毕业实习尽管能让师范类学生参与教学实践，但这样的教学实践机会并不多，且时间不长，无法让他们掌握更多的教学技能。

5. 教师应用新媒体技术教学的意识不够

许多教师在面对新媒体的冲击时出现了不知所措的情况，尤其是对于一些年纪比较大的英语教师来说，他们认为自己常年积累的教学经验就是提升英语教学质量的最有效的利器，新媒体技术根本无法与他们丰富的教学经验抗衡，甚至认为使用新媒体技术完全就是在浪费教学时间，对英语教学毫无用处。可见，这些教师根本就没有形成使用新媒体技术的意识。因此，在对教师进行培训时，高校应该着重加入这一部分的内容，从而逐渐改变教师对待新媒体技术的态度。

（二）新媒体技术背景下模拟演练式教学法在英语教师职前培训中的应用

1. 模拟演练式教学法在英语教师职前培训中展示教师能力中的应用

这是一种实践教学方法，它不为具体的课程内容所限，能在不同的学科中获得应用。在英语教师职前培训中，模拟演练式教学法已经获得了不错的应用，尤其是其中的情景模拟法在培训中的应用效果更加突出。构建情景对话，教师可以与其他教师在情景中就某一教学问题或者技能问题展开探讨，也可以以小组为单位共同探讨。情景一般都比较生动、真实，教师参与到这样的情景中能更好地理解教育教学理论与技能知识，同时也能与其他教师探讨英语教学的发展问题。

模拟演练式教学能将每一位教师的多重能力展现出来，不仅能展现教师的应变能力，还能展现教师的合作能力与表达能力。在模拟演练式教学中，一般常用的方法主要有两种，一种是角色扮演法，另一种是游戏法。这些方法都不是一个人就能完成的方法，而是需要多人共同协作完成的方法。同时，培训者还要给每一位参与的教师进行明确的分工。在接受了这样的一种培训之后，教师不仅能学习到更多教育知识，同时也能掌握一些管理知识，最为重要的是，其还可以将自己学到的管理技能应用到英语课堂的管理中。

2. 模拟演练式教学法在英语教师职前培训中培养专业化英语教师团队中的应用

无论是在传统的英语教学中，还是在新媒体英语教学中，教师的作用都是十分突出的，居于主导地位，主导着英语课堂教学的走向。因此，英语教师的专业知识与技能掌握如何就变得非常重要。基于此，必须打造一支专业的教师团队。英语教学并不是一种单纯的语言教学活动，语言与文化关系密切，不可分割，因此英语教学也是一种文化教学活动，这就要求英语教师在了解英语基础知识的同时，还要对西方的文化知识有所了解。在课下时间教师要有意识地积累西方文化知识，以形成在课堂教学中自觉向学生传递文化知识的意识。

模拟演练式教学法在英语教师职前培训中有着重要的作用，主要表现为可以凝聚教师的意志力，使其能团结在一起共同促进英语教学的发展。在进行实际的模拟演练之前，教师应该对学生的学习水平、学习习惯与学习方法有清楚的了解，同时还要对教学过程中学生可能提出的问题进行及时的分析与掌握。不仅在培训过程中，即使是在日常生活中，教师也要有意识地了解学生，要有意识地获取学生的信息。在实际的演练中，领导者要善于激发教师发现、分析与解决问题的能力，要根据不同教师的特点为他们分配任务，使他们能共同协作，共同解决问题。团队合作精神培养好了，那么一支和谐、高效的英语教师队伍就形成了。英语教师接受培训之后的效果如何是可以检验出来的，具体来说，可以让英语教师组织一些英语活动，比如英语朗诵比赛、英语电影比赛等，通过教师的组织就能看到教师在培训过程中学习到的专业知识与技能、了解到的管理知识等。

参考文献

［1］蔡龙权，裘正铨. 大学英语教学研究［M］. 上海：上海科学技术出版社，2007.

［2］陈鹤丹. 人文生态理念与大学英语教育的融合与实践［J］. 黑河学院学报，2020，11（5）.

［3］陈佳钰. 微课在高中英语教学中的应用研究［D］. 杭州：浙江大学，2017.

［4］陈细竹. 网络时代英语自主学习与教学研究［M］. 北京：北京日报出版社，2019.

［5］陈晓丽. 高校英语慕课与翻转课堂教学模式研究［M］. 成都：电子科技大学出版社，2017.

［6］陈雪芬. 中国英语教育变迁研究［M］. 杭州：浙江大学出版社，2011.

［7］晨梅梅，饶辉，张锡城，等. 探索与变革：转型期的英语教学［M］. 北京：商务印书馆，2004.

［8］丁晶华. 基于网络环境的大学英语自主学习监控理论与实践研究［J］. 现代职业教育，2015（27）.

［9］丁克勤，汪志宏. 翻转课堂教学研究［J］. 当代教育实践与教学研究，2019（1）.

［10］杜秀君. 英语教育论［M］. 北京：北京理工大学出版社，2018.

［11］方芳. 改革视域下的大学英语教育新探索［M］. 长春：吉林大学出版社，2019.

［12］冯改. 大学英语教学模式问题与对策研究［M］. 北京：中国商

务出版社，2017.

［13］付琳芳，郭晓燕．当前英语教师专业发展的现状与对策研究［M］．长春：东北师范大学出版社，2018.

［14］甘文．高校大学英语课堂生态失衡现状与重构路径分析［J］．黑河学院学报，2019（9）．

［15］宫玉娟．大学英语教学模式改革创新研究［M］．长春：吉林出版集团股份有限公司，2018.

［16］郭楠楠．论"慕课"及在大学英语教学中的应用［J］．佳木斯职业学院学报，2018（11）．

［17］郭文正．新媒体技术在大学英语教学中的应用研究［J］．魅力中国，2021（25）．

［18］韩琳．新媒体时代大学英语教学存在的问题及对策［J］．白城师范学院学报，2018（5）．

［19］郝彩虹．大学生英语教师的专业身份认同危机及应对研究［M］．重庆：重庆大学出版社，2014.

［20］何冰，汪涛．翻转课堂与英语教学［M］．长春：吉林人民出版社，2019.

［21］贺利利．"互联网+"背景下大学英语课堂生态的失衡与重构［J］．现代英语杂志，2021（14）．

［22］洪丹．论网络环境下高校英语教师发展的途径［J］．宁波教育学院学报，2011（4）．

［23］侯磊．基于新媒体的英语写作微博教学［J］．黑河学院学报，2017（2）．

［24］胡铁生．"微课"：区域教育信息资源发展的新趋势［J］．电化教育研究，2011（10）．

［25］胡晓．高校英语教师专业发展思考［J］．魅力中国，2021（16）．

［26］扈玉婷．大学英语生态化写作教学研究［M］．北京：北京理工大学出版社，2019.

［27］黄均凤，程乐乐．汉语作为第二语言教学法：理论、方法与案例［M］．武汉：武汉大学出版社，2017．

［28］黄儒．大学英语教学模式研究［M］．哈尔滨：黑龙江教育出版社，2018．

［29］黄贞贞．大学英语教育中的跨文化教育探究［J］．环球市场，2020（3）．

［30］霍然．跨文化英语教学研究［M］．长春：吉林出版集团股份有限公司，2019．

［31］姜慧枫，李春超．浅谈翻转课堂教学［J］．科学大众（科学教育），2019（9）．

［32］焦建利．微课及其应用与影响［J］．中小学信息技术教育，2013（4）．

［33］孔云．经典教学理论与课堂教学应用［M］．北京：海洋出版社，2018．

［34］寇雪梅．应用型高校慕课资源开发与利用研究［M］．北京/西安：世界图书出版公司，2017．

［35］黎加厚．微课的含义与发展［J］．中小学信息技术教育，2013（4）．

［36］李傲君．新媒体语境下现代远程教育的发展［J］．继续教育研究，2017（1）．

［37］李蓓蓓．基于网络环境的大学英语自主学习监控分析［J］．扬州教育学院学报，2015（2）．

［38］李博．基于微信平台的应用技术大学英语混合式教学应用研究［J］．科教导刊，2018（3）．

［39］李丽洁，米海敏．专门用途英语教学研究［M］．北京：现代出版社，2018．

［40］李恬恬．大学英语口语教学新模式基于微博的实践［J］．课程教育研究，2017（18）．

［41］刘冰尧．新媒体技术在大学英语教学中的应用探究［J］．教育

教学论坛，2020（2）．

［42］刘俊杰．新媒体与大学英语教学的融合及应用探究［M］．北京：北京工业大学出版社，2019．

［43］刘连景，方琨．科技武装教育［M］．北京：北京工业大学出版社，2019．

［44］刘名卓，祝智庭．微课程的设计分析与模型构建［J］．中国电化教育，2013（12）．

［45］刘明宇．外语教学与研究论文集2015版［M］．北京：知识产权出版社，2015．

［46］刘琦．翻转课堂式教学［J］．中文信息，2019（4）．

［47］刘政元．大学英语教学改革与创新实践［M］．长春：吉林出版集团股份有限公司，2019．

［48］罗桂莲．基于多模态话语的英语教学模式研究［M］．南昌：江西科学技术出版社，2016．

［49］罗翔宇．手机短信的传播学分析［J］．现代传播，2003（1）．

［50］毛齐明．维果茨基与教育［M］．太原：山西人民出版社，2019．

［51］孟丽华，武书敬．网络环境下大学英语教师专业素质发展研究［M］．北京：外语教学与研究出版社，2015．

［52］宁云中．生态、空间与英语教育教学研究［M］．北京：中国戏剧出版社，2019．

［53］欧阳魏娜，侯飞亚，刘子涵．大学外语教学中的慕课和翻转课堂研究［M］．西安：世界图书出版西安有限公司，2018．

［54］彭宇飞．通过资源生态性配置促进高等教育健康发展［J］．中国高等教育，2015（22）．

［55］尚恒志．融媒时代普通高等院校新闻传播学类核心课程"十三五"规划精品教材：新媒体技术［M］．武汉：华中科技大学出版社，2017．

［56］苏小兵，管珏琪，钱冬明，等．微课概念辨析及其教学应用研究［J］．中国电化教育，2014（7）．

［57］孙杰远，温雪．微课的原理与技术［M］．北京：中国轻工业出版社，2016．

［58］孙文娟．基于微博的大学英语写作教学新模式研究与实践［J］．新丝路杂志（下旬），2016（6）．

［59］谭芳．对话与课堂：回顾、反思与重构［J］．外语学刊，2014（4）．

［60］汤海丽．高校英语信息化教学改革与微课教学模式探究［M］．北京：冶金工业出版社，2018．

［61］童琳玲，祁春燕．演进与变革网络环境下的英语教学研究［M］．北京：团结出版社，2017．

［62］王翠英，孟坤，段桂湘．大学英语生态课堂与生态教学模式构建研究［M］．西安：西安交通大学出版社，2017．

［63］王曼琪．"慕课"教学模式评析及实施建议［D］．呼和浩特：内蒙古师范大学，2015．

［64］王茜，金跃强，江颖．大数据时代高职英语教师面临的机遇与挑战［J］．机械职业教育，2017（2）．

［65］王晓燕，瞿宁霞．新媒体在英语教学中的有效应用研究［M］．长春：东北师范大学出版社，2018．

［66］翁克山，李青．移动语言学习概论［M］．北京：光明日报出版社，2014．

［67］邢新影．大学英语口语教学理论与实践［M］．长春：吉林出版集团有限责任公司，2009．

［68］许丽云，刘枫，尚利明．大学英语教学的跨文化交际视角研究与创新发展［M］．北京：中国商务出版社，2020．

［69］杨海芳，赵金晶．多元文化与当代英语教学［M］．天津：天津科学技术出版社，2018．

［70］姚永红．新媒体时代英语多模态教学模式架构［M］．长春：东

北师范大学出版社，2018.

［71］尤春芝．英语教学中慕课教育的应用研究［J］．吉林广播电视大学学报，2019（6）．

［72］于晶．大学英语课堂环境构建理论探究［M］．长春：吉林人民出版社，2017.

［73］袁婧．大学英语口语教学新模式基于微博的实践［J］．戏剧之家，2017（15）．

［74］张春艳．终身学习时代背景下的英语移动学习［M］．长春：东北师范大学出版社，2018.

［75］张荣．电子商务案例分析第2版［M］．北京：北京理工大学出版社，2018.

［76］张瑶，李蕾，朱丹．英语教学体系的多维视角探究［M］．北京：中国水利水电出版社，2017.

［77］赵楠楠．雨课堂学习平台支持下的大学英语混合教学形成性评价体系建构［J］．科技视界，2022（8）．

［78］郑小媚．高校英语多模态课堂教学研究［M］．北京：国家行政学院出版社，2018.

［79］周桂方．新媒体技术背景下课堂模拟演练式教学法在英语教师培训中的应用［J］．轻合金加工技术，2020（10）．

［80］周婧玥．基于微信公众平台的金融英语课程混合式教学模式研究［J］．校园英语，2020（19）．

［81］朱丹．浅析基于网络环境的大学英语自主学习监控理论与实践研究［J］．长江丛刊，2016（11）．

［82］朱金燕．大学英语教学改革探索［M］．武汉：中国地质大学出版社，2018.